Karsten Rudolph (Hrsg.)

Mein Ortsverein

D1663714

Karsten Rudolph (Hrsg.)

Mein Ortsverein

projektverlag.

Bibliografische Information der Deutschen Nationalbibliothek

Die Deutsche Nationalbibliothek verzeichnet diese Publikation in der Deutschen Nationalbibliografie; detaillierte bibliografische Daten sind im Internet über http://dnb.d-nb.de abrufbar.

ISBN 978-3-89733-390-1

© 2016 projekt verlag, Bochum/Freiburg
www.projektverlag.de

Cover Design: punkt KOMMA Strich GmbH, Freiburg
www.punkt-komma-strich.de

Inhalt

Ein Streifzug durch die Geschichte des Ortsvereins

Vorwort

Es gibt unzählige Bücher über die Sozialdemokratische Partei Deutschlands in ihrer über 150jährigen Geschichte: Gesamtdarstellungen, Quellensammlungen, Regionalgeschichten, Handbücher, Biografien, Spezialstudien und viele mehr. Aber es gibt bis heute kein Buch über das Herz der SPD – ihren Ortsverein.

Ob Richtungsstreit und Flügelkämpfe, Widerstand und Neuaufbau, Wahlsiege und Kanzlerwechsel: An der Basis, in den Ortsvereinen, wurde mitgestritten und mitgekämpft, mitgelitten und mitgejubelt. Der Ortsverein war und ist nicht irgendein Erinnerungsort der geschichtlichen Bewegung der deutschen Sozialdemokratie; er repräsentiert diese aus eigener Kraft. Denn er führte in allen Zeitläuften ein eigenes, bisweilen auch eigensinniges Leben. Mehr als einmal für überholt gehalten und manchmal sogar totgesagt, gibt es ihn bis heute.

Dieses Buch ist eine kleine Hommage an den sozialdemokratischen Ortsverein und an die diejenigen, die ihn ausmachen, die Aktiven an der Basis der Partei. Es zeigt den Ortsverein wie er wirklich ist: weniger als rauchgeschwängertes Hinterzimmer von gewieften Strippenziehern, mehr als zentralen Ort von Versammlungsdemokratie und lebendiger Parteiorganisation. Insoweit steht er nicht nur für die Geschichte der SPD, sondern auch für einen erheblichen Teil der Geschichte der Demokratiebewegung in Deutschland.

Bekannte und interessante Autorinnen und Autoren schildern im Folgenden ihre ersten Erlebnisse und Erfahrungen mit ‚ihrem' Ortsverein aus jeweils sehr persönlicher Sicht. Dabei wird Geschichte durch viele Geschichten lebendig. Doch die Texte bleiben nicht in der Vergangenheit stehen. Sie beschreiben ebenso die Gegenwart des Ortsvereinslebens und öffnen Wege für die Zukunft.

Abschließend lädt ein Streifzug durch die Geschichte des Ortsvereins ein, diesen in der langen Entwicklung deutscher Vereinsdemokratie näher zu betrachten. Er mündet in die Frage nach der Zukunft einer Demokratie, die bislang auf das Versammlungswesen demokratischer Parteien setzte.

Karsten Rudolph

Kurt Beck

Ortsvereine: altmodisch? Persönlich und unverzichtbar!

Wenn ich über die Bedeutung der SPD-Ortsvereine in unserer digitalen (unpersönlichen?!) Zeit nachdenke, fallen mir viele Attribute ein. Werte ich diese, auch am Beispiel meiner mehr als 40jährigen Erfahrungen im Ortsverein Steinfeld, so bleibt als Fazit: unverzichtbar!

Steinfeld, mein Heimatort unmittelbar an der Grenze zum Elsass gelegen, ist bis heute geprägt von der Grenzlage. Kriege prägten die Gegend und die Menschen beiderseits der Grenze, die heute – Gott sei's gedankt – so gut wie keine mehr ist.

Der Ort war klassisch konservativ geprägt: wohlhabende Bauern und Handwerker, die weniger Wohlhabenden zählten sich gerne dazu, sowie Arbeiter, die in der Regel nach Karlsruhe pendelten und sich mühend über die Runden brachten.

Nach Abschluss der Volksschule ging im Ort so gut wie niemand auf eine weiterführende Schule. 100 Prozent der Bevölkerung waren katholisch und wählte auch so.

Von rund 2.000 Bürgerinnen und Bürgern hatte die SPD bei Wahlen über Jahrzehnte etwa jeweils 40 Stimmen bekommen.

Das nicht so zu belassen, regte mich an. Ich regte mich über vieles auf, beispielsweise über Bauplatzausweisungen und Flurbereinigungsverfahren, in denen die Begüterten anschließend immer eklatant bevorzugt waren.

Dazu kam, dass die Bahnstrecken in Richtung des elsässischen Weißenburg und nach Bad Bergzabern stillgelegt wurden (heute sind beide wieder in Betrieb). Dagegen kämpfte ich damals. Eine Gebietsreform kam hinzu.

Aber vor allem war ich als aktiver Gewerkschafter und Personalratsvorsitzender durch die neue Politik von Willy Brandt geprägt. Da waren die Ostpolitik – endlich Zeichen des Friedens in Zeiten des Kalten Krieges – und noch mehr die innere Aufbruchsstimmung. „Mehr Demokratie wagen", da wollte ich dabei sein.

Die örtliche Erfahrung, die Prägung eines Arbeiterhaushaltes – mein Vater war Maurer – und meine soziale und gewerkschaftliche Überzeugung machten klar: Wenn Partei, dann nur die SPD.

So wurde ich im Kontakt mit dem Ortsvereinsvorstand Mitglied und gleich aktiv. Einige Jüngere, die über eine Wählergruppe – gegen die Machenschaften der Steinfelder CDU gerichtet – zur SPD kamen, machten Mut.

Für mich persönlich waren regelrechte Anfeindungen mit dem Eintritt in die SPD verbunden, die meine Familie zu verkraften hatte. Ein Verwandter meiner Mutter grüßte plötzlich nicht mehr zurück. Von meiner Mutter darauf angesprochen, antwortete er: „Der Kurt ist in die SPD eingetreten, so was macht man in einer anständigen Familie nicht!" Dies und andere Erfahrungen prägten den Zusammenhalt im Ortsverein. So beispielsweise die Aussage des damaligen Fraktionsvorsitzenden der CDU im Gemeinderat – die SPD war erstmals mit vier Mitgliedern, einschließlich mir, im Rat vertreten: „Wir haben alles besprochen in der CDU-Fraktion, da müssen wir im Rat nicht mehr reden, stimmen wir also ab!"

Das alles hat uns angestachelt. Später wurde ich ehrenamtlicher Bürgermeister; und meine Nachfolgerin (SPD) war dies 20 Jahre lang.

Eine gute Mischung von politischer Arbeit und geselligen Veranstaltungen – so bringt ein jährliches Schlachtfest auch Geld in die Kasse – hat „meinen" Ortsverein, nun unter junger Führung, recht aktiv gehalten.

Es mag sein, dass die Tatsache, dass der Ministerpräsident mit einer Amtszeit von mehr als 18 Jahren, der SPD-Landes- und zeitweise Bundesvorsitzende aus diesem Ortsverein kam, auch angeregt hat.

Aber: Mir persönlich war und bleibt dieser kleine Heimatortsverein wichtig, ja unverzichtbar.

Kurt Beck leitet die Friedrich-Ebert-Stiftung. Er war Ministerpräsident in Rheinland-Pfalz und SPD-Vorsitzender. Sein Heimatortsverein ist der Ortsverein Steinfeld.

Klaus Uwe Benneter

Mein erster „richtiger Ortsverein"

Bei den Bundestagswahlen 1961, kurz nach dem Mauerbau, war Willy Brandt erstmals Spitzenkandidat der SPD, die kräftig zugelegt hatte. Zur Regierung hatte es aber wieder nicht gereicht. 1965 kandidierte Willy Brandt erneut, jetzt erstmals gegen Ludwig Erhard. Ich stand kurz vor dem Abitur und habe eifrig „Wahlkampf" mitgemacht. So habe ich zum Beispiel mein Fahrrad mit dem beliebten Wahlkampf-Slogan „Pack den Willy in den Tank" beklebt, einer Wahlkampf-Anleihe an eine ESSO-Benzin-Werbung – und war sehr enttäuscht, als es auch 1965 für Willy Brandt nicht zum Kanzler reichte. Statt zu resignieren, ging ich am Montag nach der Wahl, es war der 20. September 1965, in das Karlsruher Parteibüro der SPD und beantragte meine Mitgliedschaft.

Dann kam die Einladung zur ersten Ortsvereinsversammlung. Nach Mühlburg, einem Stadtteil von Karlsruhe, in den „Ritter". Gaststätten und Restaurants hatten damals regelmäßig noch Nebenzimmer für Vereinsversammlungen, nicht Hinterzimmer, wie böse Zungen zu behaupten pflegen. War das eine Freude bei den durchgängig betagteren Anwesenden, dass ein junger Mensch zu ihnen und der SPD fand. In Baden-Württemberg war die SPD damals eine kleine Minderheit. Wahrscheinlich ist es heute trotz Regierungsbeteiligung noch nicht viel besser geworden. Jedenfalls waren die Genossinnen und Genossen in Mühlburg so begeistert von mir und meinem SPD-Eintritt, dass sie mich gleich zum Unterbezirks-Delegierten wählen wollten. Ich musste ablehnen, weil ich fest entschlossen war, nach meinem bevorstehenden Schulabschluss an die Freie Universität

Berlin zu wechseln. Eine Hochschule, die in Strukturen und Inhalten als fortschrittlich galt und zudem für mich den Vorteil bot, in Berlin nicht zur Bundeswehr zu müssen.

In Berlin hieß mein Ortsverein anders, nämlich Abteilung. Kaum war ich in Berlin gemeldet, erhielt ich auch schon Post. Allmonatlich wurde zu den Versammlungen eingeladen. Es kamen immer dieselben (relativ wenigen) Mitglieder. Sobald sich Einer oder Eine, auch immer dieselben, zu Wort meldete, war schon bald klar, was er oder sie sagen würde. Ein unattraktives monatliches Ritual. Ich erinnere mich eigentlich nur noch an einen Vorgang. Der Referent hatte schon einige Gläser Bier genossen und länglich seine Thesen ausgeführt, als ich mich zu einer kritischen Widerrede zu Wort melden wollte. Durch mehrere Zwischenrufe und Zwischenbemerkungen hatte ich bereits deutlich gemacht, dass ich anders dachte. Also erhob ich die rechte Hand zur Wortmeldung, worauf mich mein Tischnachbar zur Rechten fragte, was ich denn sagen wolle. Als ich ihm das schlagwortartig erläuterte, nahm er meinen rechten Arm und drückte ihn auf den Tisch. So meldete ich mich mit dem linken Arm zu Wort, worauf auch mein linker Nachbar diesen auf den Tisch zurück drückte und mich darauf verwies, dass solche spontanen Wortmeldungen hier in dieser Abteilung nicht üblich seien. Ich verstand unter demokratischer Meinungsbildung von unten nach oben etwas anderes und habe mich stattdessen an der Universität im Sozialdemokratischen Hochschulbund engagiert.

Durch einen Wohnungsumzug innerhalb Berlins in die räumliche Nähe zur Freien Universität kam ich zur heute noch berühmt-berüchtigten Abteilung Dahlem in Berlin. Das war eigentlich mein erster richtiger Ortsverein. Dort ging es bei den monatlichen Versammlungen schon immer hoch her. Zuerst kam es im Rahmen der Unvereinbarkeit der Mitgliedschaften in SPD und SDS, dem damaligen sozialdemokratischen Studentenverband, zu heftigen Wortgefechten. Dann entwickelte sich nebenan an der Uni 1966/67 eine erste Studentenrevolte mit Sit-Ins, Go-Ins und Audimax-Veranstaltungen wegen des Schah-Besuchs in Westberlin am 2. Juni 1967 und zu Vietnam, wo die Westberliner Schutzmacht USA mit Napalm-Bomben Krieg führte. Die Zeitungen, allen voran die Springer-Zeitungen, betrieben einseitigste Meinungsmache gegen die Anliegen der Studenten und so war es selbstverständlich, dass diese Kontroversen auch die Ortsvereinsdiskussionen bestimmten. Der Ortsverein war in dieser Phase des studentischen Protests einer der wenigen noch verbliebenen Orte, an denen eine Kommunikation zwischen „Normalbürgern" einerseits und kritischen Studenten andererseits stattfand. Das Betulich-Beschauliche der Monatsversammlungen war aber vergessen, die Begeisterung der Älteren über neu hinzukommende jüngere Mitglieder gab es nicht mehr. Im Gegenteil: Jetzt führten die jeweiligen Abteilungsvorstände Aufnahmeprüfungen für Neumitglieder durch und verhinderten oder verzögerten die Neuaufnahmen.

Wir Jüngeren hatten schnell gelernt, dass die besseren Argumente allein nicht zum Überzeugen reichten. Wir mussten auch Stimmenmehrheiten organisieren. Dies hatten uns Willy Brandt und Klaus Schütz vorgemacht, als sie Ende der 1950er Jahre in Berlin mit Wohnungsumzügen die Mehrheitsverhältnisse in strategisch wichtigen Ortsvereinen so veränderten, dass Willy Brandt auf dem Berliner Landesparteitag eine Mehrheit bekam und sie behielt. In einer Diplom- und Doktorarbeit hatte der Gewerkschafter und Politologe Hans-Jürgen Hess das schön für uns zusammengetragen und anschaulich dargestellt.

Je mehr sich die studentischen Proteste aus der Universität in die Gesamtgesellschaft verlagerten, umso härter wurden die Auseinandersetzungen im Ortsverein. Geschäftsordnungen, die vorsahen, dass nach 22 Uhr keine Beschlüsse mehr gefasst werden dürfen, hatten in dieser Zeit ihren Ursprung. Schon die Gestaltung der Monatsversammlungen war höchst streitig, Themen und Referenten wurden häufig erst durch Kampfabstimmungen festgelegt. „Innerparteiliche Demokratie" war das Schlagwort, mit dem die Kämpfe um demokratische Teilhaberechte in der SPD ausgetragen wurden. Höhepunkte waren dabei naturgemäß die alle zwei Jahre stattfindenden Neuwahlen. Ich kann mich erinnern, dass im Ortsverein Dahlem so „getrommelt" wurde, dass über 85 Prozent der Mitglieder bei der Wahlversammlung anwesend waren. Dort ist mit allen Tricks und teilweise undemokratischen Wahlvorgaben wie dem strikten Blockwahlsystem gearbeitet worden. Bei diesem Wahlmodus wurden Parteimitglieder gezwungen, entweder für unerwünschte Kandidaten und solche, die aus ihrer Sicht unannehmbare Auffassungen vertraten, zu stimmen oder aber auf die Abgabe einer gültigen Stimme überhaupt zu verzichten. Man konnte nicht lediglich für eines oder einige der zu besetzenden Ämter stimmen, sondern musste einen vorbestimmten „Block" von Kandidaten wählen. Die im Laufe des Jahres selten bei Parteiveranstaltungen Anwesenden wurden von den unterschiedlichen „Flügeln" mit schablonierten Wahlempfehlungen eingestimmt und es wurde versucht, sie auf ihren Kandidaten-Block festzulegen. Dennoch: Spannende Zeiten für jeden Ortsverein.

Klaus Uwe Benneter, war Generalsekretär der SPD und Berliner Bundestagsabgeordneter. Bekannt wurde er durch einen vorübergehenden Ausschluss aus der SPD, nachdem er zum Juso-Bundesvorsitzenden gewählt worden war. Er fand seinen ersten ‚richtigen' Ortsverein erst in der Abteilung Dahlem in Berlin.

Claudia Buß

New York, New York

New York, die Stadt, die niemals schläft, erscheint wie ein surrender Bienenschwarm, dem es an Platz mangelt. Das schlägt sich auch auf die Treffen der Auslandsgruppe der deutschen Sozialdemokraten nieder.

Meine erste Begegnung mit der SPD in New York City kann als ein wenig skurril bezeichnet werden. Als Sozialdemokratin mit Leib und Seele hatte ich mich natürlich schon vor meinem Umzug über den Ortsverein New York informiert und mich dort angemeldet. Soweit so gut – schon war ich auf der Informations–Mailingsliste geparkt. Der Vorsitzende, Werner Puschra, hat mich in seiner höflichen Art gleich darauf aufmerksam gemacht, dass ich doch erst einmal in aller Ruhe ankommen solle. Ich könne mich dann für Veranstaltungen, die mich interessieren, einfach melden.

In der neuen, fremden Stadt eingetroffen, habe ich mich dennoch sogleich für die nächste Sitzung angemeldet, um neue Leute kennenzulernen und etwas über das Leben in der Metropole zu erfahren. Dann habe ich das Treffen allerdings total vergessen und ich sollte noch zwei weitere Einladungen versäumen, bis ich wirklich in der Stadt angekommen und mein Erinnerungsvermögen wieder vorhanden war. Es braucht doch eine Weile, bis wieder genügend Platz im Privatleben ist, um endlich die Chance ergreifen zu können, das zu tun, was man am liebsten tut – sich über Politik auszutauschen.

An einem Dienstag war es endlich so weit. Ich hatte mir fest vorgenommen, den Termin nicht zu verpassen und vergaß ihn diesmal auch tatsächlich nicht. Die eingeladene Referentin war die Bundestagsabgeordnete Eva Högl aus Berlin. In der Nähe des Bryant Parks in einem Café sollte unser Treffen stattfinden. Kurz vorher bekam ich jedoch die Nachricht, dass der Vorsitzende und der stellvertretende Vorsitzende leider nicht teilnehmen könnten, da sie sich nicht in New York befänden, dass das Café allen Teilnehmern völlig unbekannt und wie immer eine Notlösung sei. Noch dazu hatten sich viele Leute gemeldet, die bisher nie bei einer Sitzung dabei waren – eben Leute wie ich. Bei diesen Rahmenbedingungen konnte es nur schiefgehen. Ich ging also in ein Café, zu einer Gruppe, die noch nicht mal wusste, wer zu Ihnen gehörte.

Damit ich wenigstens ein Gesicht erkennen konnte, hatte ich die Bundestagsabgeordnete gegoogelt. Und als ich an dem Café ankam, erkannte ich Eva sofort. Von hinten sprach uns jemand an, ob wir wohl zur SPD gehörten – unsere Gruppe bestand somit schon aus dreien. Wir nahmen uns einen Tisch und bestellten Getränke. Ein junger Mann kam auf uns zu und meinte, er hätte uns Deutsch sprechen hören, ob wir wohl zur SPD gehörten ...

Jetzt war es auch Eva aufgefallen, dass wir uns alle gar nicht kannten, und wir mussten gestehen, dass dieses Treffen nur mit Leuten stattfand, die sich noch nie begegnet waren. Das war für alle etwas Neues, aber Eva nahm es mit viel Humor.

Die Einladung stand unter dem Motto „Integration in Großstädten". Und nachdem wir uns vorgestellt und uns über das Leben in New York ausgetauscht hatten, gesellten sich noch zwei weitere Parteimitglieder hinzu. Es wurde eine hitzige und fantastische Diskussion zu unterschiedlichen Problemen der Einbindung in die städtische Gesellschaft und wie andere Länder mit dieser Aufgabe umgehen. Es stellte sich heraus, dass die meisten Teilnehmer in unserer Runde auch schon an anderen Orten rund um den Erdball gelebt hatten, und wir konnten mit inspirierend unterschiedlichen Erfahrungen ein spannendes Thema diskutieren.

Am Ende waren wir zu siebt und per E-Mail wurde uns später mitgeteilt, dass einige uns an diesem Tag vergeblich gesucht hatten. Seitdem gibt es stets einen großen Flyer auf dem Tisch des Cafés, der in großer Schrift drei Buchstaben und ein Ausrufezeichen trägt: „SPD!". Das Problem, einen geeigneteren Ort für unsere Besprechungen zu finden, hat sich allerdings bis heute nicht lösen lassen.

Jede einzelne Sitzung der SPD New York, der ich beiwohnen konnte, habe ich seitdem genossen. Eine unglaubliche Leidenschaft und Breite des Wissens, geballt in einem Treffen, das keine andere Intention außer einem gemeinsamen Austausch verfolgte, machte die Diskussionen so über alle Maßen interessant und spannend. Das ist nicht wenig in einer Stadt, die niemals schläft.

Claudia Buß war von 2011 bis 2012 Vorsitzende der SPD New York. Sie lebt zurzeit in Berlin.

Christoph Dänzer-Vanotti

Mein Ortsverein

Eingetreten bin ich in die SPD Anfang 1972. Damals verfügte die SPD noch über mehr als eine Million Mitglieder, davon waren mehr als 350.000 unter 35 Jahre alt. Die Faszination Willy Brandts war letztlich ausschlaggebend für meine Mitgliedschaft.

Mein erster SPD Ortsverein, Bonn-Tannenbusch, hatte etwa 300 Mitglieder und eine eigene Juso-Gruppe, deren Vorsitzender ich lange Jahre war. Zwei Faktoren waren damals wesentlich dafür, dass ich aktiv in der Partei dabeigeblieben bin.

Der Sohn unserer Nachbarn, der drei Jahre älter war als ich und mit dem ich gemeinsam in der katholischen Jugend aktiv war, hat mich angesprochen, mit ihm mal zur SPD zu gehen. Daneben hat ein Genosse, mit dem ich mich besonders gut verstanden habe, sich in den nächsten Jahren als Mentor um mich gekümmert. Die Existenz einer funktionierenden Juso-Gruppe hat mir als 16-Jährigem das Hineinfinden in die SPD wesentlich erleichtert.

An der Arbeit in der SPD habe ich schnell Spaß gefunden und mein Engagement über die Grenzen des Ortsvereins hinaus verstärkt. Die Menschen im Ortsverein waren mir überwiegend sympathisch. Es gab viele interessante Typen. Ich habe es immer als ein Privileg empfunden, mich nicht nur im Kreise von Gymnasiasten und später von Studenten zu bewegen, sondern auch Austausch mit Leuten zu haben, die im Beruf ihre Frau oder ihren Mann standen.

Sowohl im Ortsverein als auch bei den Jusos wurden spannende politische Themen diskutiert. Wir haben gemeinsam Seminare veranstaltet, die ich häufig auch mit vorbereitet habe.

Die gemeinsame praktische politische Arbeit hatte etwas Verbindendes. Wir haben damals noch selber Plakate aufgestellt und geklebt, Hausbesuche mit den Kandidaten gemacht und Broschüren verteilt. Ich erinnere mich noch sehr gut, wie wir alle bei der „Willy-Wahl" 1972 von einer inspirierenden Aufbruchsstimmung getragen wurden.

Manchmal haben wir dabei auch etwas über die Stränge geschlagen. Unsere Plakate waren eines Tages mit Weinbrandt-Willy-Aufklebern verunstaltet. Ein besonders engagierter Genosse hat daraufhin sämtliche CDU-Plakatständer in unserem Ortsteil kurz und klein geschlagen. Wir haben ihn dafür stark kritisiert, weil das negativ auf uns zurückfiel. Trotz nächtlicher Streiffahrten waren unsere Plakatständer nach zwei Tagen ebenfalls zerstört und wir mussten neue aufstellen.

Im Ortsverein habe ich sehr viel gelernt. Es galt, sich in freier Rede an den Diskussionen zu beteiligen, Bündnisse für Vorstands- und Delegiertenwahlen zu schließen und unsere politische Arbeit möglichst effizient zu organisieren. Später musste ich als Vorstandsmitglied gelegentlich vor unseren Toptalenten über die Erfolgsbausteine meiner eigenen Karriere reden. Ich habe immer mit meinem Engagement in der SPD begonnen. Dort habe ich Sozialkompetenz, organisatorisches Geschick, Führung von Teams und die Motivation anderer gelernt. Es galt inhaltlich Sachverhalte zu durchdringen und frei zu reden. Alles Fähigkeiten, die einen Manager zu einem guten Manager machen.

Die Arbeit in der SPD habe ich aber nicht gemacht, um mich auf meine Karriere im Management vorzubereiten. Die Lerneffekte, die die politische Arbeit für mich hatte, sind mir erst später klar geworden.

Mein Engagement hat mir Spaß gemacht und beruhte auf der Überzeugung, in der Gesellschaft etwas verändern zu wollen. Ich mochte die meisten meiner Weggefährten. Ich habe mich auch immer um ein gutes Verhältnis zu jenen bemüht, die anderen politischen Strömungen in der Partei angehörten als ich.

Heute sehe ich vieles mit anderen Augen und stehe doch zu dem, was ich damals gemacht habe. Ein Beispiel ist mir noch in besonderer Erinnerung. Der damalige Kanzleramtsminister Horst Ehmke kandidierte bei uns in Bonn für den Bundestag. Wir von den Linken hatten versucht, einen Gegenkandidaten aufzustellen. Das ist uns aber nicht gelungen. Ich musste dann auf der Nominierungskonferenz für die Linken die Rede gegen Horst Ehmke halten. Immerhin ein Drittel der Delegierten hat ihn nicht unterstützt. Heute weiß ich, dass es ein großer Fehler ist, wenn sich die Partei nicht geschlossen hinter dem einzigen Kandidaten versammelt. Mit Streit gewinnt man keine Wähler. Ich habe das damals nicht überblickt, aber wenigstens anschließend fleißig Wahlkampf für Horst Ehmke gemacht.

Das politische Engagement habe ich im Laufe meines Lebens beibehalten. Am Anfang meines Berufslebens habe ich nach einem Ortswechsel in einem neuen Ortsverein in Essen-Rüttenscheid noch einmal angefangen. Mit zunehmender Beanspruchung durch die verschiedenen Jobs, ist die Arbeit im Ortsverein immer weniger geworden. Ich habe mich im Managerkreis der Friedrich-Ebert-Stiftung als Gründungsmitglied engagiert. Wir haben viele inhaltsreiche Papiere zur Zukunft Deutschlands auf der Basis eines Ansatzes der sozialen Demokratie und Marktwirtschaft geschrieben. Hier konnte ich mich mit meinen Erfahrungen aus der Wirtschaft besser einbringen als im Ortsverein. Meine gelegentlichen Besuche im jetzigen Ortsverein zeigen mir, dass dafür mehr Zeit und Geduld erforderlich ist, als ich mitbringe.

Der Ortsverein hat eine Zukunft. Aber nur, wenn sich die Partei für moderne Ansätze politischer Arbeit öffnet. Wir brauchen stärker webbasierte Organisationsformen. Es gilt, auch Leute zu organisieren, die nur punktuell an Themen mitarbeiten wollen, die sie interessieren. Virtuelle Teams im Web werden die Partei mit neuen innovativen Ideen befruchten. Kandidaten sollten möglichst von allen Parteimitgliedern gewählt werden. Wir müssen nach Wegen suchen, auch die Nichtmitglieder stärker mit einzubeziehen, wenn sie uns nahe stehen.

Die Furcht vor dem Bedeutungsverlust der herrschenden Funktionärselite hat bisher in der SPD breitere Meinungsbildungsprozesse nur bedingt zugelassen. Durch sie wird aber über die Zukunftsfähigkeit unserer Partei entschieden. Junge Leute müssen dort abgeholt werden, wo sie stehen. Die Partei sollte ihnen Möglichkeiten bieten, sich einzubringen, an ihren Erfahrungen und Interessen ansetzen. Sie kleben nicht Plakate, kreieren aber ein tolles Konzept für einen erfolgreichen Web-Wahlkampf auf lokaler Ebene. Die Zukunftsfähigkeit des Ortsvereins wird sich daran entscheiden, inwiefern es gelingt, junge Leute mit attraktiven Angeboten anzusprechen.

Christoph Dänzer-Vanotti war Mitglied des Vorstands und Arbeitsdirektor der E.ON AG; er ist Mitglied mehrerer Aufsichtsräte großer Aktiengesellschaften und Sprecher des Managerkreises der Friedrich-Ebert-Stiftung NRW. 1972 trat er in den Ortsverein Bonn-Tannenbusch ein.

Sigmar Gabriel

Der Ortsverein ist keine Insel

All politics is local. Dieser Satz, oft zitiert und leider noch öfter igno-
riert, hat auch mich zur SPD geführt. Nach wie vor bildet er den Kern
unseres politischen Gemeinwesens ab. Auch in der SPD sind und
bleiben die rund 8.000 Ortsvereine seit über 150 Jahren nicht das
Kellergeschoss, sondern das Fundament der Partei. Doch unmittelbar wirksam werden sie nicht als Institution. Es sind die Menschen,
die den Unterschied machen.

Mein Ortsverein wurde im Sommer 1977 die SPD-Abteilung Nord in
Goslar. Hier bin ich als Jugendlicher in die SPD eingetreten. Der
Ortsverein war keineswegs der einzige Ort der Sozialdemokratie in
meiner Heimatstadt. Er war vielmehr der Mittelpunkt eines sozialdemokratischen Netzwerks: Dazu zählte die AWO-Leiterin, die in
Goslar unvergessene Gerda-Beatrix Paul, und auch ihr Mann, Dr.
Jürgen Paul, der spätere Oberbürgermeister der Stadt. In ihrem Haus
traf sich alles, was in der Stadt zu Vielfalt und Zusammenhalt bei-
trug. Nicht zuletzt auch viele Künstler und Kulturschaffende, Ver-
einsvorsitzende des Sports oder der Feuerwehren. Aber natürlich
umfasste das sozialdemokratische Netzwerk auch die Gewerkschaften: Den DGB-Kreisvorsitzenden Hans Müller und die Gewerk-
schaftssekretäre der wichtigsten Gewerkschaften, Karl-Heinz Friedrich von der IG Metall, Fritz Günter, IG Chemie, Jörg Ahlborn, ÖTV
und Uwe Conrad, IG Bau. Fritz Günter war zugleich lange Jahre SPD-
Ortsvereinsvorsitzender und Uwe Conrad Fraktionsvorsitzender der
SPD im Goslarer Rat. Aber auch bei den Arbeitgebern hatte die Goslarer SPD wichtige Repräsentanten. Vor allem unter den selbstständigen Handwerksmeistern. Einer von ihnen, Rudolf Blumenberg,

war lange Jahre einer der erfolgreichsten Ortsvereinsvorsitzenden. Der Ortsverein war kein Closed Shop, der sich selbst genügte in der Bestätigung einmal gefasster Ansichten, sondern hatte Nervenstränge in alle Generationen und in alle Teile der Stadt-Gesellschaft.

Hier engagierten sich Menschen, die als progressive Sozialdemokraten die Türen der Partei aufmachten für junge Leute. Lehrer, wie Gerd Richter und seine Frau Christa oder Monika Heinen-Tenrich und ihr Mann Jürgen. Sie organisierten eine spannende Bildungsarbeit in der Abteilung und wurden zusammen mit dem späteren Goslarer Oberbürgermeister Dr. Jürgen Paul und seiner Frau Gerda-Beatrix die Förderer einer ganzen Reihe junger und engagierter SPD-Mitglieder im Goslarer Ortsverein. Oder sie kümmerten sich darum, dass die „jungen Ungestümen" nicht vergaßen, wie es denen in der Stadt ging, die jeden Tag im Bergwerk und in den Hütten der Preussag oder im Chemiewerk hart arbeiten mussten. Für sie waren eben nicht nur die angeblich so „großen Themen" der Politik wichtig, sondern dass schwierige Stadtteile der Stadt nicht aus dem Blick gerieten und der Sportplatz saniert wurde, Ganztagsschulen entstanden oder die Umweltbelastung niedriger wurde. Auch dafür brauchte es sozialdemokratische Netzwerke, die von Sozialdemokraten wie Gerd Politz bis heute für die SPD geknüpft werden.

Sie bildeten als „Kümmerer" die Schnittstellen in dem sozialdemokratischen Netzwerk und zu den Vorfeldorganisationen der SPD. Sie und andere setzten 1976 die Gründung einer „Falken"-Gruppe in Goslar durch: Jugendarbeit mit Gleichaltrigen, Bildungsseminare und Zeltlager, viel Politik, aber vor allem viel Gemeinschaft – das war für mich als Jugendlicher der Einstieg in meine politische Sozialisierung. Die „Falken" wurden zu meiner politischen Heimat und sind es bis heute geblieben.

Hier, wie auch in der AWO, wurde ich zum Mitmachen aufgefordert, gefördert und fand einen Ort für mein politisches Engagement. Hier habe ich das politische Handwerk gelernt: Zuhören, Menschen überzeugen, Reden halten, Programme entwickeln, Mehrheiten organisieren. Politik an andere, an meine Nachbarn und Freude zu vermitteln. Wahlkämpfe und Kampagnen „auf die Straße" zu bringen. Umgekehrt lernte ich, Interessen und Stimmungen aufzunehmen und zu transportieren. Die Anliegen der Menschen, mit denen ich damals wie heute in meiner Stadt lebe.

Hier und später im Ortsverein fand ich Freunde und Rivalen fürs Leben. Politische Erfolge wurden gemeinsam erkämpft und gefeiert, Krisen und Niederlagen miteinander durchlitten. Wahlabende endeten in Euphorie und manchmal auch in Tränen. Ältere Generationen gaben ihre Erfahrungen weiter und hüteten das Erreichte. Wir Jüngeren drängten zu Aufbruch und Erneuerung.

Als ich mit 17 Jahren in meinen Ortsverein eintrat, drängte ich sehr. Ich war ein zorniger junger Mann. Die Verhältnisse in meiner SPD-regierten Heimatstadt trieben mich um. Im Goslar meiner Jugend, einer beschaulichen Kleinstadt im westdeutschen „Zonenrandgebiet", war das Freizeitangebot für Jugendliche ausgesprochen begrenzt – unzumutbar für meine Freunde und mich. Mit viel jugendlichem Überschwang forderten wir ein Ende dieser Ungerechtigkeit und ein Jugendzentrum von der Goslarer Politik.

Wir waren ungestüm und rabiat mit unseren Forderungen. Aber die SPD diskutierte mit uns, und wir setzten unsere Forderung durch. So sehr ich mit der „alten Tante" SPD haderte, ihre Vertreter als viel zu etabliert, temperamentlos und bedenkenschwer empfand – die Bereitschaft unser Anliegen zu respektieren und aus unseren Forderungen Politik werden zu lassen, überzeugte mich.

Das war mein Weg in die SPD. In der Jugend- und Kommunalpolitik wurde ich sozialdemokratisch sozialisiert. Die späten 1970er Jahre waren hochpolitisch: Wettrüsten und Atomkraft, Jugendarbeitslosigkeit und Rechtsextremismus, Terrorismus und Franz-Josef Strauß – wie so viele junge Menschen damals empfanden wir die große Politik als feindselig gegenüber den Interessen und Perspektiven unserer Generation. Wir demonstrierten gegen Atom-Raketen und Neonazis und sammelten Geld für die Opposition in Spanien. Vor allem aber organisierten wir Konzerte und Zeltlager und machten so nützliche Politik für die Jugendlichen vor Ort.

Viele junge Leute haben so oder ähnlich den Weg in ihren SPD-Ortsverein gefunden. Durch die Menschen, die im Ortsverein aktiv sind und sich engagieren. Die ihre Partei vor Ort vernetzen mit der Gesellschaft, mit anderen Institutionen, Vereinen und Organisationen. Die bereit sind, auf Menschen zuzugehen und Veränderungen zuzulassen. Die aus Funktionen und Ämtern keine Erbhöfe machen. Das Erfolgsrezept für jeden Ortsverein auch in Zukunft lautet: Auch in einer Partei, die über 150 Jahre alt ist, sollte man nie den Satz hören: „Das war schon immer so."

Sigmar Gabriel, MdB, ist seit 1977 Mitglied und seit 2009 Bundesvorsitzender der Sozialdemokratischen Partei Deutschlands. Seit 2013 ist er Vizekanzler und Bundesminister für Wirtschaft und Energie.

Laura Garavini

Politik „von der Pike auf" lernen

Es war im Sommer 2001. Ich war relativ neu in Berlin und wollte mich, neben meinem Engagement bei der Gewerkschaft in der Beratung italienischer Arbeitnehmer und Rentner, auch politisch engagieren. Es war die Zeit, in der die rot-grüne Bundesregierung von Gerhard Schröder unter Druck stand, weil die Arbeitslosigkeit hoch und das Wirtschaftswachstum niedrig waren. Zeit, Flagge zu zeigen und in die SPD einzutreten.

Ansprechpartner waren für mich zwei Väter aus der damaligen Kita meiner Tochter: Niko und Ephraim. Sie waren seit Jahren in der SPD im Ortsteil Prenzlauer Berg aktiv und hatten mich bereits öfter angesprochen, ob ich nicht auch Lust hätte, bei der SPD mitzumachen. Wo die SPD im Bezirk zu finden war, musste ich mir also nicht aus dem Telefonbuch heraussuchen (Smartphones kamen erst Jahre später und das Internet steckte noch in den Kinderschuhen). Die SPD ist mir täglich begegnet.

Eine Erfahrung, die mich auch heute noch lehrt, wie wichtig es ist, dass die Partei über eine funktionierende, selbstbewusste Basis verfügt. Sie sorgt im täglichen Leben dafür, dass die SPD für die Menschen ein Gesicht, einen Namen und Vornamen hat. Und es ist wertvoll, dass diese Menschen kein Geheimnis daraus machen, dass sie Genossen sind und keine Scheu haben, sich in ihrem sozialen Umfeld zur SPD zu bekennen.

Übrigens: Meine beiden Zufallsbekannten, die nicht nur Väter in der Kita meiner Tochter, sondern damals auch Basisaktivisten in der SPD im Stadtteil waren, haben mittlerweile ihren politischen Weg gemacht. Niko Karsten ist Mitglied des Abgeordnetenhauses in Berlin, Ephraim Gothe wurde Staatssekretär für Bauen und Wohnen in der Berliner Landesregierung. Und mir war es 2011 als Abgeordnete im italienischen Parlament ein großes Vergnügen für Niko während der Wahlen für das Berliner Abgeordnetenhaus Wahlkampf zu machen. Als Eltern hatten wir für den Erhalt beziehungsweise für den Weiterbau der Kita Am Friedrichshain gekämpft, und das politische Engagement hat uns danach nicht mehr losgelassen.

Aber zurück zu meinem Einstieg in den Ortsverein, der in Berlin Abteilung heißt. Im Bötzowviertel war ich damals zu Hause und die Abteilung Bötzowviertel trifft sich in der Kurt-Tucholsky-Bibliothek in der Esmarchstraße. Das fand ich schon mal eine gute Sache. Kein dunkler Keller in irgendeinem Hinterhof, sondern die SPD trifft sich in einem der schönsten öffentlichen Gebäude im Viertel, dort, wo auch viele kulturelle Veranstaltungen stattfinden. Ein tolles Statement der Sozialdemokraten dort, finde ich noch heute.

Mir wurde der Einstieg leicht gemacht, weil es für mich mit Niko und Ephraim zwei bekannte Gesichter in der Runde gab. Ich wurde aber auch von vielen anderen willkommen geheißen, wir kamen schnell ins Gespräch. Auch unabhängig von Niko und Ephraim fühlte ich mich nicht fremd. Von anderen Genossen habe ich gehört, dass dies nicht immer so ist, dass es bei der Aufnahmekultur manchmal ein bisschen hakt. Anderseits habe ich wahrgenommen, dass die Parteiorganisation sich dieses Themas in den vergangenen Jahren verstärkt angenommen hat. Das finde ich gut. Denn eine Partei lebt von Menschen und damit auch von den zwischenmenschlichen Beziehungen. Und es macht einfach mehr Spaß in eine Partei zu kommen, in der diejenigen, die schon länger dabei sind, interessiert und freundlich auf die Neue oder den Neuen zugehen, ein bisschen reden und ihnen Aufmerksamkeit schenken. Es braucht wenig, damit Neue sich gleich zu Hause fühlen.

In der Abteilung Bötzowviertel fühlte ich mich durch die herzliche Aufnahme nicht wirklich als Neue. Zumindest solange bis die Diskussionen begannen. Mein Deutsch war schon sehr gut, aber halt noch nicht perfekt genug, um den intensiven Debatten über die Details der Bezirksangelegenheiten und die anstehende Wahlkampfplanung mit all den dazugehörigen Abkürzungen und Funktionsbezeichnungen folgen zu können. Eine schon etwas frustrierende Erfahrung. Aber letztendlich war es nicht nur die Sprache. Denn, seien wir ehrlich, dass vieles inhaltlich an einem vorbeirauscht, wenn man in neue Gruppen oder Institutionen geht, ist nichts Ungewöhnliches. Hier gehört am Anfang immer ein bisschen Durchhaltevermögen dazu, um sich hineinzufinden und mitreden zu können. Trotzdem brummte mir nach der ersten Abteilungssitzung schon etwas der Kopf ...

Von Anfang an beeindruckt hat mich, mit welcher Konsequenz Demokratie auch in der Abteilung gelebt wird, mit allen, manchmal anstrengenden Formalien. Alle wurden gehört, alle konnten sich äußern, alles wurde besprochen und alle Funktionen, auch die kleinsten, zum Beispiel bei der Abstimmung über den Vorschlag für einen Wahlkreiskandidaten oder die Delegierten für einen Parteitag, wurden demokratisch per Wahl entschieden, per Handzeichen oder mit geheimen Voten. Die innerparteiliche Demokratie einer Partei wird an ihrer Basis gelebt und hier kann die SPD auf ihre Ortsvereine wirklich stolz sein.

Was ich speziell in der Abteilung Bötzowviertel von Beginn an positiv fand war, dass Nico und Ephraim damals die These vertreten haben: Politik muss, damit Menschen in die Partei kommen und sich dort engagieren, auch etwas Sympathisches sein, muss die Freude am Leben vergrößern. Und so haben sie in der Abteilung gearbeitet. Klar, auch bei uns in der Abteilung gab es manchmal überengagierte Diskussionen über Formalien und natürlich auch persönliche Eifersüchteleien. Aber wir haben immer auch darauf geachtet, dass Nicos und Ephraims Paradigma umgesetzt wurde: Abteilungsarbeit muss auch Spaß machen.

Besonders zu spüren war dies rund um das Kinderfest, das die Abteilung jedes Jahr organisiert hat und das ein Anziehungspunkt für ganz viele Menschen im Viertel war – auch für Menschen, die nicht mit der SPD sympathisierten und sich generell nicht sonderlich für Politik interessierten. Beim Kinderfest kamen die Menschen zusammen, redeten, aßen und tranken, und sprachen dann manchmal doch über Politik; und wir gingen am Abend mit dem Gefühl nach Hause, dass es Spaß macht, bei der SPD zu sein. Ich habe dies immer sehr genossen. Auch die Atmosphäre in den Tagen und Wochen vor dem Ereignis in der Abteilung, in der alle an einem sehr konkreten Projekt gearbeitet haben und alle ihre Freude daran hatten. Ich glaube, es tut jedem Ortsverein gut, zumindest einmal im Jahr ein solches großes „Projekt" zu haben, bei dem Begegnung und Zusammensein mit den Menschen im Viertel im Mittelpunkt steht. Im Bötzowviertel tat es der Abteilung gut und den Menschen im Kiez sowieso.

Engagement im Ortsverein bedeutet nach meinen Erfahrungen, Politik „von der Pike auf" zu lernen. Zum Beispiel auch zu lernen, wie Wahlkampf funktioniert: über die richtigen Botschaften, die richtigen Kandidaten, aber vor allem durch viel, viel Engagement der Basis. Kurz nach meinem Eintritt fanden in Berlin Wahlen auf Landes- und Bezirksebene statt, und daher waren für mich Plakate aufstellen, Flugblätter verteilen, mit Wählern vor Supermärkten sprechen die ersten Aktivitäten im Abteilungsleben. Später, als ich für das italienische Parlament kandidierte, habe ich von diesen Erfahrungen in meiner ersten Zeit im Ortsverein profitiert. Die Abteilung Bötzowviertel war für alles, was später kam, eine gute Schule.

Laura Garavini ist seit 2008 für den Partito Democratico Mitglied der italienischen Abgeordnetenkammer. Sie vertritt dort den Wahlkreis Europa der Auslandsitaliener. Ihr politisches Handwerk lernte sie in einem deutschen Ortsverein.

Helga Grebing

Elf Ortsvereine – jeweils zum ersten Mal ...

Bei meinen Wanderungen aus der SBZ/DDR in die Bundesrepublik und danach fast quer durch sie bin ich in elf Ortsvereinen zum ersten Mal ‚aufgetreten'. Sie hießen auch nicht überall Ortsvereine, sondern auch schon mal Sektion (nach Art der Alpenvereine) oder Abteilung (ein wenig nach dem Geschmack von Sportvereinen).

Als ich am 22. Januar 1948 (noch nicht ganz 18jährig) in die SPD, Landesverband Groß-Berlin, Ortsverein Berlin-Pankow, eintrat, wohnte ich am südlichen Rand Berlins, der zur Sowjetischen Besatzungszone gehörte, wo es keine SPD mehr gab, sondern die SED. Diese Wohnlage war damals nicht ungefährlich, aber für mich war die SPD-Mitgliedskarte emotional gesehen eine Art Schutzbuch. Erst nach dem Wechsel von der Ostberliner Humboldt-Universität in die Westberliner Freie Universität war meine Mitgliedschaft nicht mehr illegal, aber die Abteilung Berlin-Steglitz, wo ich nun wohnte, besuchte ich kaum; es genügte, wenn ich meine Mitgliedsbeiträge zahlte; denn ich arbeitete in der SPD-Hochschulgruppe der FU mit. Anders als im SDS gehörten ihr Studenten, Assistenten und Professoren ohne Unterschied an; wir waren eben alle Genossen.

Nachdem meine bürgerlichen Professoren mir angesichts meiner Dissertation bestätigt hatten, dass ich, obwohl Sozialistin, wie sie sich gutachterlich äußerten, in der Lage war, ordentlich wissenschaftlich zu arbeiten und mir die Note „sehr gut" gaben[1], verließ ich 1953 Berlin, wo ich keine angemessene Beschäftigung fand. Ich zog in Richtung Bayern weiter, genauer nach München, wo ich als Ver-

---

[1] Siehe hierzu den Bericht in meinem Buch „Freiheit, die ich meinte. Erinnerungen an Berlin", Berlin 2012, S. 145 ff.

lagslektorin, Redakteurin und später als Leiterin der Abteilung „Zeitgeschichte und Politik" der Volkshochschule arbeitete. In Bayern begann meine Parteiarbeit in der SPD-Sektion Feldafing am Starnberger See, eine kleine Gruppe, deren Vorsitzender der Elektromeister des Ortes mit dem schönen bayerischen Namen Ponradl war und wo ich, kaum hatte ich die Schwelle seines Ladens, der auch als Vereinsmittelpunkt gebraucht wurde, übertreten, stellvertretende Vorsitzende wurde. Erst in München, wo ich seit dem Ende der 1950er Jahre wohnte, begann die richtige Parteiarbeit in der Sektion Neuhausen. Hier ging alles seinen ordentlichen statuarischen Weg, und ich fand mich eines baldigen Tages als Vertreterin der sozialdemokratischen Frauen im Unterbezirksvorstand der Münchener SPD wieder.

Als ich 1966 aus Bayern wieder auswanderte (hier konnte man als rote akademische Frau keine wissenschaftliche Karriere machen), landete ich zunächst im Ortsverein Wiesbaden-Rambach, dann alsbald im Ortsverein Frankfurt am Main-Ginnheim. In der Frankfurter SPD war damals viel los. Hessen-Süd war ja einer der SPD-Bezirke, wo Rechte und Linke in der SPD sich mit harten Bandagen oft hemmungslos bekämpften. Die raufboldartigen Delegiertenversammlungen des Frankfurter Unterbezirks werde ich nie vergessen.

Richtig schön – wirklich! – wurde es erst in Göttingen, wo ich seit 1971/72 einen Ruf an die Universität als ordentliche Professorin erhalten hatte (Peter von Oertzen war damals niedersächsischer Kultusminister). Hier war es der zugegeben mit viel Intellektuellen bestückte Ortsverein Göttingen-Ost, der mich in seinen Bann zog. Niemals vorher und eigentlich auch nicht nachher, war die Vereinsarbeit so komplett hoch reflektiert genuin politisch und die allfälligen Auseinandersetzungen (u. a. auch mit dem OV-Mitglied Gerhard Schröder) so um Sachlichkeit bemüht (was natürlich nicht immer gelang) wie hier. Und die Feste, die besonders im Sommer gefeiert wurden, blieben legendär. Da sangen die Alten und die Jungen die unvergessenen Lieder der sozialistischen Bewegung bis tief in die Nacht hinein. Und die Bewohner der umliegenden Häuser kamen nicht etwa, um sich über den Lärm zu beschweren, sondern um mitzusingen. Freundschaften entstanden, die teilweise bis heute bestehen. Rückblickend mag ich gerne vom sozialdemokratischen Jahrzehnt in Göttingen sprechen, eine Zeit, in der nunmehr so viele andere und Neue „Willy wählten".

Warum musste ich auch 1988 von Göttingen nach Bochum und hier in den Ortsverein Weitmar gehen? Ich hatte an der Ruhr-Universität einen Ruf angenommen, mit dem auch die Leitung des Instituts zur Erforschung der europäischen Arbeiterbewegung verbunden war. Aber in der Bochum-Weitmarer SPD – 600 Mitglieder, darunter keineswegs alle in Weitmar ansässige ca. 400 Kruppianer, deren Betriebsratsvorsitzender auch gleich dem Ortsverein vorstand – und wie! Nun gehörten meine Mitstreiterin Lucinde Sternberg und ich wieder zu den immer noch argwöhnisch beäugten Intellektuellen und nun auch noch zu den „Tittensozialistinnen", mit denen man, so wurde geraunt, wie einst mit den Jusos schon fertig werden würde. Zum Glück hatten wir in NRW einen wirklichen Landesvater, nämlich Johannes Rau, dessen Wirken so manchen SPD-Ärger vergessen ließ.

Ein kurzes Intermezzo in München 2002 bis 2004 im Ortsverein Glockenbachviertel in der Isarvorstadt brachte keine neuen Erfahrungen, aber doch eine ganz andere, nämlich die, dass ich von den Wählern der Isarvorstadt zum Mitglied des Bezirksausschusses gewählt wurde. Das herausragende Erlebnis bestand darin, dass die SPD-Fraktion im Bezirksausschuss einer Mehrheit von CSU, Grünen und Rosa Liste isoliert gegenüberstand – keine herrlichen Zeiten!

Nun bin ich wieder in Berlin, in der 6. Abteilung des SPD-Kreisverbandes Tempelhof-Schöneberg mit dem schönen Namen Schöneberg-City. Hier erinnert mich nicht alles, aber so manches an Göttingen: gemeinsame Ziele, friedlich ausgetragene Kontroversen und gegenseitig ein wenig menschliche Wärme. Das alles sollte ein Ortsverein haben, hat er es nicht, dann ist er kaum etwas wert.

Prof. Dr. Helga Grebing ist Mitglied der Historischen Kommission beim SPD-Parteivorstand und Mitglied des Kuratoriums des Gustav-Heinemann-Bürgerpreises. Sie hat fast ein Dutzend Ortsvereine kennengelernt.

Beate Häupel

Eintritt mit Hindernissen

Helga Grebing ist nicht nur eine exzellente Historikerin, sondern auch eine engagierte Sozialdemokratin. Wir lernten uns 1991 bei einem Seminar der Friedrich-Ebert-Stiftung anlässlich des 100-jährigen Jubiläums des Erfurter Programms kennen. Wenige Monate später arbeitete ich unter ihrer Leitung gemeinsam mit fünf anderen Historikern aus Ost- und Westdeutschland an einem Projekt zur Erforschung der Demokratie in Mitteldeutschland an der Ruhr-Universität Bochum. Einmal fragte sie mich am Rande einer Projekttagung, ob ich mir vorstellen könne, nicht nur über die Sozialdemokratie zu forschen, sondern auch in die Partei einzutreten und politisch aktiv zu werden. Ich antwortete ihr, dass ich selbst keine Probleme mit der SPD hätte, wohl aber die SPD mit mir, denn ich gehörte zu den Gestürzten. In der DDR hatte ich als Lehrerin für Staatsbürgerkunde und Geschichte an einer Eliteschule gearbeitet und war selbstverständlich auch Mitglied der SED gewesen, und zwar aus Überzeugung. 1989 war für mich die Welt zusammengebrochen. Zugleich war es aber auch ein faszinierender Aufbruch: Ich nutzte jede Gelegenheit, neue Menschen und die Welt hinter der ehemaligen Mauer kennenzulernen und suchte nach neuer Orientierung.

Helga Grebing ermutigte mich, doch einmal zu meinem SPD-Ortsverein in Chemnitz zu gehen. Mittlerweile gäbe es keine Vorbehalte mehr gegen ehemalige SED-Mitglieder. Außerdem sei ich ja noch jung. Ich nahm all meinen Mut zusammen, wusste ich doch, dass ich mich sicher unangenehmen Fragen stellen müsste und auch auf Menschen treffen würde, die unter der SED-Diktatur gelitten hatten. Ich fühlte mich mitverantwortlich.

Freundlich lud mich der damalige Ortsvereinsvorsitzende zur nächsten Ortsvereinssitzung ein: in einen ehemaligen Wäschetrockenraum in die 9. Etage eines Chemnitzer Plattenbaus. Irgendjemand hatte in den kahlen, ungemütlichen Raum einige Stühle und Tische gestellt; und dort tagte, von der Außenwelt unbemerkt, der Ortsverein. Die Sitzung war gut besucht: von damals 28 Mitgliedern war über die Hälfte anwesend. Ein Phänomen, was bis heute in den ostdeutschen Ortsvereinen anhält: Es gibt zwar weitaus weniger Mitglieder als in Westdeutschland, diese sind aber politisch aktiver.

Bei meiner Vorstellung in der Runde erwähnte ich im Zusammenhang mit meiner wissenschaftlichen Arbeit, dass Sozialdemokraten und Kommunisten gemeinsame historische Wurzeln haben. Heute weiß ich, dass ich mit diesem Satz die damals Anwesenden überforderte: Die meisten waren wegen Willy Brandt in die SPD eingetreten, setzten sich für soziale Demokratie ein und wollten mit Kommunisten nichts zu tun haben. Die Quittung erhielt ich postwendend: Als ich einige Zeit später in die SPD eintreten wollte, lehnte der Ortsvereinsvorstand meinen Antrag ab. Der Ortsvereinsvorsitzende teilte mir den Beschluss in einem Gespräch bei mir zu Hause mit. Der Vorstand glaube, so seine Begründung, dass ich „noch nicht genügend Abstand zu meiner Vergangenheit" habe. Immerhin bot er mir aber an, weiter in der SPD mitzuarbeiten und „vielleicht in einem Jahr, wenn man sich besser kennt, einen neuen Antrag zu stellen". „Kandidatenjahr" – schoss es mir durch den Kopf. Das hatte ich bereits bei der SED absolviert. Ich war natürlich sehr enttäuscht und ratlos. Der Beschluss machte in meinem Freundes-, Bekannten- und Kollegenkreis schnell die Runde und wurde heftig kommentiert. Emotional kann ich ihn durchaus auch heute noch nachvollziehen: Die SPD war in der DDR die einzige Partei, die neu gegründet wurde. Mit alten DDR-Strukturen wollte man nichts zu tun haben. Opfer der DDR-Diktatur wollten nicht mit ehemaligen SED-Mitgliedern am

Tisch sitzen. Ich kann auch die damaligen Befürchtungen verstehen, von ehemaligen SED-Mitgliedern unterwandert zu werden. Politisch gesehen, halte ich einen solchen Beschluss aber nach wie vor für einen folgenschweren Fehler. Ich bin heute noch davon überzeugt, dass einige meiner Freunde, Bekannte und ostdeutschen Kollegen für die SPD offen waren. Meine Erfahrungen haben sie aber verprellt. Aus der SPD wurde in Ostdeutschland eine Nischenpartei, ein Club der „Auserwählten", der bis heute eine stärkere Mitgliederbasis verhindert.

Dem Thema „Umgang der SPD mit SED-Veteranen" ging damals auch ein Zeit-Journalist nach, der plötzlich eines Abends vor meiner Wohnungstür stand. Er hatte in der Unterbezirksgeschäftsstelle recherchiert und meine Adresse erhalten. Aus meinen offenherzigen Ausführungen schrieb er einen Artikel für „Die Zeit", der unter dem Titel „Die Frau mit Vergangenheit" am 30. Dezember 1994 erschien. Dieser Beitrag löste im Unterbezirk und darüber hinaus ein kleines Erdbeben aus: Alle im Text zitierten Personen mussten dem damaligen Unterbezirksvorsitzenden Rede und Antwort stehen, ob sie das so gesagt hätten, wie es dort stand. Der SPD-Unterbezirk kam nämlich in dem Beitrag nicht besonders gut weg.

Durch den Zeit-Artikel auf mich aufmerksam geworden, schrieb mir Greta Wehner einen Brief, den ich heute noch besitze. Die weise Frau hinter dem großen Politiker Herbert Wehner machte mir Mut, nicht aufzugeben und der Sozialdemokratie die Stange zu halten. Seit 1992 organisiert das Herbert-Wehner-Bildungswerk politische Bildung in Sachsen. Greta Wehner übersiedelte dann 1996 selbst von Bonn in Wehners Heimatstadt Dresden, um „zu helfen, die Demokratie hier besser auf den Weg zu bringen". Später lernte ich Greta Wehner auch persönlich kennen: eine beeindruckende Persönlichkeit.

Also machte ich weiter in der Chemnitzer SPD und fand langsam Akzeptanz. Auch fanden die Ortsvereinssitzungen mittlerweile im Vereinszimmer einer Gaststätte statt. U. a. organisierte ich eine große Veranstaltung anlässlich des 50. Jahrestages der Zwangsvereinigung von KPD und SPD und konzipierte dazu eine Ausstellung für Chemnitz.

Einen neuen Aufnahmeantrag stellte ich dort aber nicht mehr. Als ich beruflich nach Westdeutschland umgezogen war, trat ich in Nordrhein-Westfalen in die SPD ein – ohne Probleme.

Seit dem Jahr 2001 arbeite ich beim Parteivorstand der SPD in Berlin, war von 2008 bis 2010 Referentin des Arbeitsstabes Ostdeutschland zur Unterstützung der ostdeutschen Landesverbände, und bin heute Leiterin des Politischen Archivs der SPD. Ich gehöre dem Freundeskreis des Herbert-Wehner-Bildungswerkes an.

Dr. Beate Häupel leitet das Politische Archiv der SPD. Sie arbeitete zunächst in einem Ortsverein in Chemnitz mit, in dem sie nicht Mitglied werden durfte.

Johannes Jung

Ortsverein mit Songgruppe

Dieser Beitrag führt zurück in die frühen 1980er Jahre im Badischen, in die Zeit der aktiven analogen Demokratie, in der man sich noch im selben Saal zur selben Zeit angebrüllt hat, anstatt in Internetforen anonym übereinander herzuziehen. Der SPD trat ich im Frühjahr 1985 bei – dem Jahr, in dem ich volljährig wurde. Zwar war ich schon seit 1982 bei den Jusos, in der SPD-Songgruppe und der lokalen Friedensinitiative ziemlich aktiv, den Parteibeitritt wollte ich mir aber bis zur Volljährigkeit und der Erlangung des Wahlrechts aufheben.

Mein Ortsverein war der Ortsverein Pfinztal im Landkreis Karlsruhe, was heute ländlicher klingt, als es damals schon war. Pfinztal ist eine Fusionsgemeinde, deren westlichster Teil – das alte Fabrikbauerndorf Berghausen – unmittelbar an die Karlsruher Stadtgrenze anschließt. Der Begriff „Fabrikbauer" umreißt schon, womit und mit wem man es dort zu tun hat. In Baden-Württemberg gibt es bekanntlich nur wenig originär proletarische und SPD-orientierte Industrietraditionen. Die Fabrikbauern zeichneten sich dadurch aus, dass sie einerseits als Industriearbeiter abhängige Beschäftigte waren, andererseits als Feierabendbauern Äcker und Häusle ihr Eigen nannten. Im Neubaugebietsboom der 1960er und -70er Jahre war das im Pilotbezirk der IG Metall eine feine Sache.

Im Ortsverein spielten sich diejenigen Szenen ab, welche zu dieser Zeit überall in der SPD zu beobachten waren: Die zahlenmäßig sehr starke Juso-AG ist diffus-prinzipiell gegen die höheren Funktionäre und Mandatsträger eingestellt und verteilt sich zusehends zwischen SPD und den neu entstehenden Grünen, deren Gründungsparteitag bekanntlich in Karlsruhe stattgefunden hatte. Atomraketen-Nach-

40

rüstung und die neuen sozialen Bewegungen bestimmen die Tagesordnung, die RAF ist in der Region Karlsruhe mehr als andernorts ein Thema.

Mein Ortsverein hat so seine Besonderheiten: Er zeichnet sich durch seine viele Jahre lang in der Region einzigartige Songgruppe aus, die sowohl IG Metaller als auch irgendwie linke und alternative Menschen anspricht, und ist mit ihr auf allen Friedensaktionen und 1. Mai-Kundgebungen präsent. Kapellmeister ist der selbstständige Optiker- und Uhrmachermeister am Ort, der in einer linkssozialdemokratischen Familientradition steht und zudem (wie viele aus diesem Ortsverein) bei den Naturfreunden aktiv ist und dort das Mandolinenorchester leitet.

Eine wahrhaft progressive Tradition wird in dieser Zeit mit dem „Internationalen Sommerfest" durch die Jusos und die SPD etabliert – sämtliche Migrantenvereine und deutsch-ausländischen Gesellschaften präsentieren sich dort einen Sommersonntag lang inhaltlich und kulinarisch in der ziemlich großen Festhalle. Es reden Abgeordnete und Vertreter der Vereine und Heimatländer. Zu dieser Zeit sprechen die meisten Deutschen noch von Gastarbeitern und Ausländern. Erfinder und Organisator ist die Juso-Gruppe um deren Vorsitzenden, der später Vizekanzler der Uni Karlsruhe, dem heutigen KIT (Karlsruher Institut für Technologie) und einer der letzten Spitzenbeamten ohne Abitur sein wird.

Dank der Initiative eines Geschichtslehrers während der Projekttage des örtlichen Gymnasiums hatte ich außerdem die Gelegenheit, Anti-Nazis aus der Gemeinde kennenzulernen. Unter den Pfinztälern, die emigriert, im Gefängnis oder im KZ inhaftiert, bei Sabotageakten beteiligt oder desertiert waren, gab es hauptsächlich SPD-Mitglieder.

Das war grob skizziert meine Ausgangslage beim Eintritt in diesen Ortsverein. Mir waren also diejenigen SPD-Mitglieder, die sich in den „Bewegungen" bewegten und für die die Teilnahme an allen möglichen Demos und den Ostermärschen sowieso Ehrensache war, ganz gut bekannt. Die anderen sollte ich an dem Abend, an dem ich mein Parteibuch erhielt, noch kennenlernen.

Als ich dann zu meiner ersten Ortsvereinssitzung ging, war mein Parteibuch bereits etliche Monate zuvor ausgestellt worden und wartete daher schon länger als sonst üblich auf das Neumitglied. Das fanden einige wohl ungebührlich, wie sich an jenem Abend herausstellte. Obendrein hatte ich damals sehr lange Haare und sprang in dieser Friedensbewegung herum – für manche der Genossinnen und Genossen war ich offenbar nicht der ideale Neuzugang. Ich bin nach wie vor überzeugt, dass der entscheidende Faktor für die dennoch sehr freundliche Aufnahme durch die Vorsitzende (Parteibuchübergabe mit Küsschen rechts und links) und durch die Versammlung insgesamt der stabile Ruf meiner Mutter als – wie es damals hieß – Oberlehrerin am Ort war.

Und wen ich da nicht alles traf! Menschen aus der Nachbarschaft, aus den Geschäften im Ort und, ganz dem Klischee entsprechend, etliche StudienrätInnen aus dem Kollegium meines Gymnasiums, die ich bei dieser Versammlung nie vermutet hätte und die allesamt nicht meinem Bild von der SPD in jugendlich-subjektiv-gnadenloser Einschätzung entsprachen. Da waren Eltern von Mitschülern, die ich total nervig fand. Da traf ich auf den Bürgermeister, der ziemlich kompetent, aber auch arg eitel war und durch graumelierte Föhnwelle und Benz-Cabrio auffiel. Da saßen Leute, von denen ich wusste, dass sie schon lange mit diesem Ortsverein, aber auch mit der SPD insgesamt über Kreuz waren, und wunderte mich. Am unklarsten aber war für mich, wer von diesen Leuten nun dem Gemeinderat angehörte und wer nicht. Offenkundig waren viele, die ich für kompetent hielt, dort gar nicht Mitglied – und andersrum.

Während meines Studiums wechselte ich zwar den Ortsverein, blieb dem Ortsverein Pfinztal aber über die Songgruppe und deren Auftritte bei 1.-Mai-Kundgebungen, Winterfeiern (keine Weihnachtsfeiern!), über das Internationale Sommerfest und andere Gelegenheiten noch viele Jahre verbunden. Jedenfalls bot der Ortsverein die hervorragende Gelegenheit, den eigenen Lebensbereich viel besser kennenzulernen und die Grenzen der eigenen Alterskohorte aufzulockern. Und während ich dies schreibe, stelle ich fest: Der Ortsverein ist nicht nur Politik und Aktion, er ist immer auch etwas sehr Persönliches.

Johannes Jung leitet die Vertretung des Landes Baden-Württemberg in Brüssel. Von 2005 bis 2009 war er Bundestagsabgeordneter, Wahlkreis Karlsruhe Stadt, und Mitglied im Auswärtigen Ausschuss des Deutschen Bundestags. In den 1980er Jahren trat er in den Ortsverein Pfinztal ein.

Hannelore Kraft

Ich wollte dabei helfen, dass es wieder besser läuft

In die SPD bin ich 1994 eingetreten. Die Partei stand mir grundsätzlich schon vorher nahe. Ich kann jedoch nicht behaupten, dass ich mich in meiner Jugend besonders politisch engagiert hätte, allerdings war ich in der Schule in der Schülermitverwaltung aktiv. Während Ausbildung und Studium war ich einfach zu sehr beschäftigt. Ich musste nebenbei Geld verdienen und habe außerdem leidenschaftlich gern Sport gemacht.

Doch dann kam der Zeitpunkt, an dem ich mich für einen Beitritt entschied, weil ich mich über viele Dinge geärgert habe. Es gab keine Kita-Plätze, und der Fokus der Politik lag zu wenig auf kleinen und mittleren Unternehmen. Hinzu kam, dass mich als Betriebsratsvorsitzende die zunehmenden sozialen Probleme beunruhigten. Also wollte ich selbst in die Politik, um Veränderungen zu erreichen.

Konkret eingetreten bin ich dann kurz vor den Kommunalwahlen 1994. Diese Wahl ist für die SPD in Mülheim verloren gegangen. Die Partei musste am Ende mit Verlusten von neun Prozent umgehen, und der neue Oberbürgermeister wurde von der CDU gestellt. Das war in dieser Art und Weise bis dato einmalig im Ruhrgebiet. Dieses Ergebnis zeichnete sich in den Tagen vor der Wahl bereits ab, da es um die amtierende Oberbürgermeisterin einen Skandal gab. Deshalb bot ich meine Unterstützung an. „Vielleicht könnt Ihr mich ja gebrauchen, wenn die Wahl verloren geht und wir neues Vertrauen aufbauen wollen", habe ich den Genossinnen und Genossen damals gesagt.

Für mich ging es darum, etwas zurückgeben zu können. Ich komme aus einer klassischen Ruhrgebietsfamilie. Wir lebten in einfachen

Verhältnissen. Nach der Grundschule wollte ich unbedingt auf das Gymnasium.

Mein Vater meinte zu mir: „Wenn Du das willst, dann muss Dir klar sein: Auf dem Gymnasium können wir Dir nicht helfen." Und dennoch: Dank der Liebe und Zuneigung meiner Eltern und mit meinem Willen habe ich es geschafft. 1980 habe ich Abitur gemacht. Nicht brillant, aber immerhin – auf meine „Hochschulzugangsberechtigung" waren wir wirklich stolz. Ich habe dann zunächst eine Ausbildung zur Bankkauffrau gemacht und bin danach studieren gegangen. 1989 hatte ich meinen Abschluss in der Tasche. Es folgten Jobeinstieg, Heirat und die Geburt meines Sohnes.

Ohne die SPD hätte ich weder Abitur gemacht, noch studiert. Also habe ich mitgemacht und wollte dabei helfen, dass es wieder besser läuft. Bei der ersten Sitzung im Ortsverein Mülheim-Stadtmitte ging es um die Aufarbeitung der Wahlniederlage. Ich habe quasi von der Pike auf lernen können, wie die vergangenen Jahre und Jahrzehnte von den ganz normalen Mitgliedern erlebt wurden. Damals tagte der Ortsverein noch klassisch im Hinterzimmer einer Kneipe. Ich saß da zwischen mehreren Zigarre rauchenden Mitgliedern, was mich nicht gestört hat, denn das Zigarre-Rauchen erinnerte mich an meinen früh verstorbenen Vater.

Es gab grundsätzliche Diskussionen: Wie schaffen wir mehr Beteiligung? Wie kann man sich in der Partei demokratischer aufstellen? An diesen Fragen haben wir gearbeitet. Ich habe mich in mehreren Arbeitsgruppen engagiert und bald für den Vorstand der SPD Mülheim kandidiert. Meine Wahl entsprach nicht unbedingt den Vorstellungen der damaligen Parteiführung, aber ich biss mich auch da dank meiner Überzeugungen durch. Und in den Folgejahren ging es dann Schlag auf Schlag weiter.

Natürlich hat mich diese Zeit geprägt. Damals wie heute möchte ich jeden ermutigen, sich einzumischen und mitzumachen. Wir können Dinge nur verbessern, wenn wir gemeinsam mit Überzeugung an ihnen arbeiten. Wenn viele Ideen und Talente zusammenkommen, dann entsteht daraus die Kraft für Neues. Klar, das ist manchmal auch anstrengend, aber man darf sich halt nicht entmutigen lassen.

Deshalb bin ich auch sehr dankbar für das herausragende politische und gesellschaftliche Engagement der vielen Bürgerinnen und Bürger in NRW. All diejenigen, die vielleicht noch ein wenig zögern, möchte ich gerne motivieren: Egal, ob in einer demokratischen Partei, in einem Verein, in den Gewerkschaften, in Verbänden oder Initiativen – macht mit und engagiert Euch! Es lohnt sich.

Hannelore Kraft ist Landesvorsitzende der SPD und Ministerpräsidentin in Nordrhein-Westfalen; sie ist 1994 in den Ortsverein Mülheim-Stadtmitte eingetreten.

Matthias Machnig

Den Ortsverein neu denken

Ganz genau kann ich eigentlich nicht mehr sagen, was es war, das mich zum ersten Mal in den Ortsverein getrieben hat: War es die Aussicht auf politische Gestaltung oder eher der Mythos Ortsverein? Ich denke beides. Als Sohn eines Industriemeisters wurde mir der sozialdemokratische Auftrag quasi mit in die Wiege gelegt. Und wer mich ein bisschen kennt, der weiß, dass die Geschichten von den rauchgeschwängerten Stuben durchaus einen gewissen Reiz auf mich ausgeübt haben könnten.

Auf jeden Fall hat es mir gefallen. Nicht immer, aber meistens. Dass es auch mal Frustrationen gibt, gehört dazu. Denn Ortsverein ist vor allem eines: Knochenarbeit. Jede und jeder, der auch nur ein einziges Mal im Straßenwahlkampf mit aufgebrachten Passanten konfrontiert war und ganz persönlich für das verantwortlich gemacht wurde, was andere verbockt haben, weiß das. Auch kennt wahrscheinlich jeder die etwas langwierigen Beschlussfassungen oder die Zähigkeit, mit der um kleinste Details gerungen wird. Aber auch das ist Politik.

Oft wird vom Ortsverein als Brücke in die Gesellschaft gesprochen. Oder als Scharnier zwischen Partei, Politik und Institutionen einerseits und Ortsengagierten, Politikinteressierten und zivilgesellschaftlichen Gruppen und Akteuren andererseits. So ist auch meine persönliche Erfahrung: Der Ortsverein ist nicht weniger als der Transmissionsriemen für Demokratie und zugleich Keimzelle der Netzwerkpartei, die die SPD werden muss, um Volkspartei zu bleiben. Gesellschaft und Demokratie verändern sich, die ihr zur Verfügung stehenden Mittel ebenfalls, eine Partei muss darauf die richtigen Antworten geben. Deswegen muss auch der Ortsverein neu gedacht werden.

Die SPD muss Unterstützer, Sympathisanten, Aktivisten und Berater in allen gesellschaftlichen Milieus haben, um Zugang zu allen Qualifikationen, Erfahrungs- und Wissensbeständen zu erhalten. Nur so kann sie dauerhaft ihre Modernisierungsfähigkeit erhalten. Das ist ein großer Anspruch, aber tatsächlich etwas, das dem Ortsverein zugetraut werden kann und muss. Und genau so groß war doch auch mein eigener Gestaltungsanspruch: Viele, vielleicht sogar alle Dinge grundsätzlich zum Besseren verändern. Drunter ging's nicht, für kaum eine oder einen von uns. Und da spielte es keine Rolle, ob sich jemand um die große Weltpolitik gekümmert hat, den Info-Stand fürs Wochenende vorbereitete oder sich für eine verkehrsberuhigte Zone oder den örtlichen Verein engagiert hat.

Geraucht wird heute immer noch, aber nicht mehr so oft. Ich suche trotzdem meine Chance und finde sie meist. Unverändert ist aber, dass es auf die Arbeit des Ortsvereines ankommt. Vielleicht sogar mehr denn je. Der Ortsverein muss eine breite Inklusion leisten, wo in der Wahrnehmung vieler zunehmend eine Politik der Exklusion stattfindet. Willy Brandts „Mehr Demokratie wagen" war einmal eine Verheißung, ein Hoffnungsprojekt. Heute wenden sich die Menschen immer öfter von der Politik ab oder flüchten in populistische Ecken. Vor allem soziale Ausgrenzung und demokratische Abkopplung gehen oftmals Hand in Hand. Auch das muss insbesondere uns Sozialdemokraten zu denken geben.

Die vielen Aktiven in den Ortsvereinen zeigen, dass wir nicht in einer Postdemokratie leben, wie manche behaupten. Noch nicht. Aber zunehmender Demokratieverdruss und Entpolitisierung sind immer deutlicher zu spüren. Für uns zumindest. Die Wahlbeteiligung sinkt, Mitgliederzahlen schwinden. Insgesamt aber mischen sich die Menschen ein, nur immer seltener bei uns. Neue Parteien entstehen, Protestbewegungen erfahren eine Renaissance und direktdemokratische Mittel wie Volksbegehren und Volksentscheide werden immer populärer. Wir müssen wohl so etwas wie eine neue Politik und einen neuen demokratischen Optimismus anbieten, damit die Menschen sich wieder stärker bei uns engagieren.

Themen gibt es genug, unser Umgang mit Flüchtlingen und Zuwanderern zum Beispiel. Vor Ort kommt das Ausmaß der Aufgabe am stärksten zum Ausdruck. Dort muss der Bund dauerhaft organisatorische und strukturelle Hilfe leisten. Dorthin muss der absolute Wille für die positive Gestaltung dieser großen Aufgabe transportiert werden und zum Ausdruck kommen. Es geht darum, der Stimmungsmache gegen Asylbewerber etwas entgegenzusetzen und die vielen positiven Signale zu stärken. Unsere Ortsvereine können dabei mithelfen, falsche Vorstellungen und Berührungsängste abzubauen. Und das tun sie in sehr vielen Fällen bereits und stellen damit einmal mehr unter Beweis, dass sie ein großer Ort der Menschlichkeit in unserem Land sind. Wenn es darum geht, gegen Hass und brennende Flüchtlingsheime einzutreten, muss die SPD geschlossen und an vorderster Stelle Einsatz zeigen.

Meine Erfahrung ist, dass der Erfolg der SPD maßgeblich davon abhängt, ob es uns gelingt, unsere Basis zu aktivieren, sie zu hören, uns von ihr inspirieren zu lassen und sie gleichzeitig davon zu überzeugen, dass es sich lohnt, die gemeinsam entwickelten politischen Inhalte und Ziele in die Welt zu tragen und für sie zu streiten. Die Vielfalt unserer Mitglieder und Ideen muss Platz zur Entfaltung haben und sowohl in der Besetzung von Positionen als auch in unseren politischen Programmen zum Ausdruck kommen. Deshalb müssen zum Beispiel Mitgliederbefragungen oder andere Beteiligungsformen zu Sach- und Personalentscheidungen und die technische und organisatorische Unterstützung durch die Parteiorganisation gestärkt werden.

Aber auch die Ortsvereine selbst müssen sich ändern, um sich treu zu bleiben. Es ist eine nicht zu bestreitende Wahrheit: Die SPD hat ein größeres demografisches Problem als die deutsche Rentenversicherung und muss deshalb jünger, familienfreundlicher, weiblicher werden. Jungen Müttern und Vätern beispielsweise müssen wir Mitwirkung ermöglichen, indem wir uns an Orten und zu Zeiten treffen, die auch ihnen passen. Die Digitalisierung muss dabei genutzt werden. Die großen Internetunternehmen sind erfolgreich, weil sie Produkte und Dienstleistungen anbieten, die das Leben radikal vereinfachen. Ihre Angebote passen optimal in den hoch verdichteten Alltag der meisten Menschen. Wenn die Zeit zwischen Büro, Kita und Pflege der Eltern knapp wird, hilft es eben enorm, wenn manche Dinge Online von zu Hause aus erledigt werden können.

Die Überwindung der Wagenburgmentalität, das Aufbrechen der Closed Shops, das ist ja nicht nur ein Ziel mit Blick auf die Geld- und Machteliten im Land, sondern auch etwas, das für unseren eigenen Laden gelten muss. Die Mitwirkungsangebote der Ortsvereine müssen niedrigschwellig und offen für viele sein, sie müssen in die jeweilige Region passen, und sie müssen die des 21. Jahrhunderts sein. Wir müssen dorthin gehen, wo die Menschen sind und auch denen die Tür öffnen, die sich nicht langfristig und permanent im Politikbetrieb bewegen wollen, sondern nur punktuell und bei ganz konkreten Anliegen, Fragen und Projekten. Wir müssen uns auf unkonventionelle, kreative, vielleicht sogar verschreckende Ideen einlassen und die Meinung auch derjenigen ernst nehmen, die neu dabei sind. Es muss Spaß und sogar stolz machen, bei uns dabei zu sein. Bei mir war es zumindest so.

Der Anspruch der SPD ist immer, sich weiterzuentwickeln und zu erneuern, inhaltlich wie organisatorisch. Beides gehört zusammen, denn nur mit einer schlagkräftigen Organisation können überzeugende Inhalte anschluss- und mehrheitsfähig und schließlich auch realisiert werden. Die Keimzelle dieses ständigen Werdens sind die Ortsvereine. Zumindest in der SPD. Die Partei steht und fällt mit ihren Ortsvereinen. Dort findet der Kontakt der Bürgerinnen und Bürger mit der Sozialdemokratie statt, dort werden schlechte Entscheidungen und falsche Orientierungen reguliert. Ich bin stolz darauf, einer Partei anzugehören, die sich nicht als Vollzugsorgan einer Regierung versteht. Ich wünsche mir, dass wir diese Kraft, ausgehend von den Ortsvereinen, dazu nutzen, um uns zu öffnen und zu modernisieren.

Ortsverein gut, Partei gut, alles gut, ist man geneigt, in Anlehnung an ein bekanntes sozialdemokratisches Bonmot zu sagen. Das hat aber seine Voraussetzungen. Wir alle gemeinsam müssen daran arbeiten, dass sie erfüllt werden.

Matthias Machnig koordinierte die Wahlkampfzentrale „Kampa", war Bundesgeschäftsführer der SPD und Minister in Thüringen. Er ist Staatssekretär im Bundesministerium für Wirtschaft und Energie.

Franz Müntefering

„Wenn der Vorstand wird bequem, dann muss er gehen"

Ich hatte beschlossen, dass die SPD die Bundestagswahl gewinnt und frische Luft ins Land lässt. Dass Aufklärung Selbstgerechtigkeit überwindet, dass die wahre Geschichte des nationalsozialistischen Deutschland auf die Tagesordnung kommt. Dass Strauß und Co. ausgebremst werden. Ich las „Pardon" und „Konkret" und „Spiegel" und Bücher, Bücher, hörte WDR-Spätprogramm. Im Juni erschien das KURSBUCH I mit einem Dossier von Peter Weiss über den Frankfurter Auschwitz-Prozess. Ich las Wahlaufrufe von SPD und FDP und DFU. Kein Zweifel: Die Zeit war reif. Deutschland musste – im Geheimen – längst begriffen haben: Die SPD würde diese Wahl gewinnen, und ich würde beobachten können, wie die Neue Zeit anbrach. Es war Herbst 1965. Und es kam anders.

Willy Brandt gewann noch einmal hinzu. Aber die SPD hatte verloren. Wieder. Ich auch. Ich war 25 Jahre alt, verheiratet, hatte eine Tochter, war tagsüber Industriekaufmann. Nun war ich enttäuscht, aufgewühlt, aufgebracht. Ein Beobachter, der zwischen Ratlosigkeit und Trotz schwankte.

Am Samstag ging ich drei Siedlungshäuser weiter zu Herrn C., dem SPD-Vorsitzenden am Ort und teilte ihm an der Türe mit, dass ich Informationen von der und über die SPD brauche, mehr Informationen, und dass ich überlege, dort mitzumachen.

Er war überrascht, denn er war evangelisch, und ich war Poahlbürger. Man grüßte sich als Nachbarn höflich. Über Politik hatten wir noch nie geredet.

Er bot an, noch heute zu mir zu kommen zu einem Gespräch und auch Material mitzubringen. Er kam im weißen Hemd, mit dunkelblauem Pullover. Wir saßen in unserem Wohnzimmer. Ja, die SPD, die sei natürlich toll. Alt, aber jung. Er hatte sie auch schon alle gesehen und erlebt: Herbert Wehner, Fritz Erler, Willy Brandt, Heinz Kühn, Johnny Heide, den regionalen MdB, inzwischen von Günter Jaschke abgelöst. Am Ort ist die SPD natürlich klein, so gut 20 Personen, Männer, eine Frau, Hilde. Im Rat der Gemeinde sitzt die SPD mit einer kleinen Fraktion, zur Kommunalpolitik weiß er alles. Also, wenn mich was interessiert. Und noch einige Drucksachen der SPD. Mitgliedschaft 2 Mark im Monat, plus Sterbegeld, aber das ist freiwillig.

Die SPD verliert dauernd, ich möchte gewinnen helfen, vielleicht fünf Jahre oder so, mal sehen, ob sich was bewegen lässt. Fünf Jahre geht nicht, entweder ist man Mitglied oder nicht. Und, ach so, er ist nicht mehr Vorsitzender der SPD am Ort, das ist jetzt jemand anders, den aber keiner kennt, wie man ja auch bei mir mal wieder sieht, aber ich bin hier bei ihm an der richtigen Adresse. Auf Wiedersehen.

Es war bald Kreisparteitag, ich als Gast dabei – und hinterher fragten mich die Delegierten unseres Ortsvereins, was ich denn nun davon halte und wie ich das sähe. Ich wollte die Beitrittserklärung unterschreiben und tat das auch.

Dass ich erst nach über zwei Monaten, mit Eintrittsdatum 1.2.1966, das (blaue) Mitgliedsbuch erhielt, fand ich verspätet und vermutete Schludrigkeit oder Misstrauen dahinter. Schlimmer: Das war normal.

Zwischendurch hatte mich der vermutet 1. Vorsitzende, Herr C., – wir duzten uns inzwischen – zu einem Spähbesuch eingeladen. Konrad Adenauer, der bald 90-Jährige, kam zu Besuch in die Schützenhalle Hüsten. Die war knackevoll, wir standen weit hinten, und ich klatschte selbstverständlich nicht. Der alte Herr auf der Bühne sagte

Dinge, die ich nicht ermessen konnte oder die Plattitüden waren. Adenauer verschluckte mit seinem Kölner Dialekt die Pünktchen über dem „U" und sprach von Husten. Husten. Ich wusste nicht, weshalb wir dort waren.

Bald war meine erste Versammlung in meinem Ortsverein Sundern.

Wir tagten im Café Lange im 1. Stock und waren acht bis zehn Leute – übliche Stärke. Ich bekam mein Parteibuch und sollte mal wieder erklären, weshalb ich zur SPD gekommen war. In dieser oder der nächsten Mitgliederversammlung, die alle zwei bis drei Monate stattfand, zog der Kassierer plötzlich ein Schild aus seiner schwarzen Aktentasche, auf dem stand geschrieben: „Wenn der Vorstand wird bequem, dann muss er gehen". Er erläuterte das nicht weiter. Der neue Vorsitzende fand das überflüssig, der alte griente, ich wusste nicht warum.

Ich schlug vor, jeden Monat eine politische (!) Versammlung zu machen. Jemand schlug vor, dass ich auch Hauskassierer werden solle und – kommissarisch – Schriftführer. Ich nahm die Ernennungen an. Die Schriftführerei erwies sich als besonders nützlich, denn ich war damit eine Art Geschäftsführer. Die damit verbundenen Chancen erfasste ich schnell und erinnerte mich daran, als ich später Bundesgeschäftsführer und Generalsekretär wurde. Und um Jusos sollte ich mich mal kümmern.

In dieser oder der nächsten Versammlung wurde auch über die Perspektiven der Bundespolitik nach der Wahl gesprochen. Dass Willy Brandt nur Regierender von Berlin sein könne – zweimal verloren! – und nun Fritz Erler der kommende Mann sei, das war unumstritten. Es kam bekanntlich anders: Fritz Erler erkrankte, die Große Koalition kam – mit seiner Zustimmung, wurde betont, ohne meine, aber das störte niemand –, Helmut Schmidt wurde Erlers Nachfolger im Fraktionsvorsitz, Karl Schiller gewann die Wahl 1969, Willy Brandt wurde Bundeskanzler. Es hatte sich gelohnt.

Ich lernte: Man ist selbst nicht ohne Einfluss auf das, was geschieht. Aber es hätte auch manches leicht anders kommen können. Die Welt wartet nicht auf einen, sie lässt einen bestenfalls zu.

Im Ortsverein Sundern erhöhte ich den Takt, sorgte für mehr Versammlungen und viele Debatten. Die CDU am Ort glänzte stattdessen mit Nikolausfeiern. Bei den kommenden Wahlen würde uns das helfen.

Aber während wir hinter verschlossenen Türen Politik kneteten, waren die CDU-Repräsentanten in Gesang-, Kegel- und Sportvereinen und Feuerwehr und Frauengruppen unterwegs. Ihre Mehrheit schrumpfte, aber sie blieb übergroß.

Meine Juso-Versammlung, die in eine anspruchsvolle politische Reihe münden sollte, begann grandios. Der Raum war brechend voll, 25 bis 30 Leute, Nicht-Mitglieder im Juso-Alter, für unsere Verhältnisse sensationell. Nach meiner Einführung mit gefühlt 30 bis 40 Punkten in 60 bis 80 Minuten blieb die Debatte überraschend aus, die Stühle waren bald leer und drei Viertel der Besucher habe ich niemals wiedergesehen in unseren Juso-Versammlungen.

Ich war über den Kopf hineingewachsen in die SPD und musste Herz und Bauch erst noch lernen. Es gelang einigermaßen, aber es dauerte. Ohne Ortsverein hätte es niemals geklappt. Ich bedanke mich bei meinen Genossinnen und Genossen aus dem Ortsverein Sundern.

Franz Müntefering war SPD-Vorsitzender und Vorsitzender der SPD-Bundestagsfraktion, Bundesminister und Vize-Kanzler. Er ist Mitglied im Ortsverein Sundern.

Andrea Nahles

Wie gründet man einen Ortsverein – in einem Dorf in der schwarzen Eifel?

Der Ortsverein soll „Grundlage der Organisation"[1] sein – diese bis heute gültige und wirksame organisationspolitische Entscheidung traf 1905 der sozialdemokratische Parteitag in Jena. Ziel war, die Überzeugungs- und Mobilisierungsfähigkeit der Partei zu stärken: Überall „müssen uns erfahrene Genossen zur Verfügung stehen, mit deren Hilfe wir in der Lage wären, jederzeit mit den uns sozial nahe stehenden Schichten der Bevölkerung in persönliche Berührung zu treten."[2] So die Worte des damals mit 34 Jahren frisch gewählten Parteivorstandssekretärs Friedrich Ebert.

An einem Vormittag über acht Jahrzehnte später im Örtchen Weiler in der Eifel war das nicht nur zeitlich weit, weit weg. An diesem Tag saß ich mit einer Handvoll Leuten um einen Tisch im Gasthaus Thelen, ich war unter ihnen die einzige Frau und bis zu diesem Abend auch das einzige SPD-Mitglied. „Erfahrene Genossen" gab es in Weiler nicht, ich selbst war gerade einmal ein halbes Jahr Mitglied der SPD.

Mein Eintritt 1988 war in erster Linie eher Gefühlssache gewesen. Ein paar Menschen, Sozialdemokraten, hatten mich beeindruckt, Lehrer etwa waren darunter. Historisch hatte die Sozialdemokratie – nicht nur, aber gerade im Nationalsozialismus – auf der richtigen Seite gestanden. Nach meiner eigenen Erfahrung mit politischem Engagement in einer Bürgerinitiative war für mich klar: Ich wollte

---

[1] Wilhelm Schröder, Handbuch der sozialdemokratischen Parteitage von 1863 bis 1909, München 1910, S. 375.

[2] Ebd., S. 379. Ebert berichtet über die ersten Erfahrungen mit der Umsetzung. (Parteitag Essen/1907).

mich dauerhaft mit Gleichgesinnten zusammentun und etwas bewegen. Dafür hatte ich dann Mitstreiter gesucht, in der Schule, aber auch beim Frühschoppen, zu dem ich zu diesem Zweck monatelang hingegangen bin.

Die Nachricht, dass unsere kleine Schar nun an jenem Tage, in jenem kleinen Eifeldorf einen SPD-Ortsverein gründen wollte, hatte Kreise gezogen und auch in der Partei für Aufmerksamkeit gesorgt. Hans-Dieter Gassen, Kreisvorsitzender der SPD in Mayen-Koblenz, war extra eine Stunde mit dem Auto unterwegs gewesen, um dabei zu sein. So nahm dann doch ein „erfahrener Genosse" bei uns am Tisch Platz, bei unserem Unterfangen war er eine große Hilfe. Denn außer unserer Entschlossenheit hatten wir wenig, was als Grundlage einer Organisation getaugt hätte. Wie man einen Ortsverein gründet? Wir wussten es nicht genau, wir haben es einfach gemacht.

Was uns dort versammelt hatte, war das Gefühl: Es ist Zeit für eigene Antworten! Im Dorf lief alles in eingefahrenen Bahnen. Die Politik war in Weiler ein Erbhof der CDU, gerade einmal 18 Prozent konnte die SPD damals bei Wahlen hinter sich bringen. In der schwarzen Eifel würde von selbst nichts anders werden, und auch mit punktuellem Engagement war wenig zu bewegen. Anliegen der jungen Leute, wie etwa das, einen Jugendraum zu schaffen, wurden überhaupt nicht ernst genommen. Vor dem Hintergrund dieser Erfahrung war es dann schlichtweg auch ein wenig Lust an der Provokation, die uns einte. Dass immerhin dies direkt gelang, bekam ich unmittelbar zu Hause zu spüren: „Du bringst Unruhe ins Dorf!", so der Vorwurf meiner Eltern.

In den Stolz, mit der Ortsvereinsgründung etwas gewagt, die Flagge gehisst und dafür gesorgt zu haben, dass wir auch in Weiler endlich in der Demokratie angekommen waren, mischte sich bei mir damals auch ein bisschen verhaltene Sorge, vielleicht sogar etwas Angst. Was würde jetzt passieren? Wie würden sich die Leute uns gegenüber verhalten? Was würden meine Eltern tun? Ihre Mahnungen und Ratschläge hatte ich ja in den Wind geschlagen. Allein hätte mich wahrscheinlich bald der Mut verlassen, aber gemeinsam waren wir trotzig und stark. Wir haben es gewagt, und wir haben es durchgezogen.

Wir erlebten, dass auch die Organisation, die Partei dabei eine Hilfe war. Weil ich das Ganze angeleiert hatte, wurde ich Vorsitzende. Als Erstes habe ich uns bei einem Kommunalpolitik-Seminar der Friedrich-Ebert-Stiftung angemeldet – alle. Und es sind auch alle hingefahren. Dann haben wir unseren Landesvorsitzenden eingeladen, Rudolf Scharping. Er kam – in unser 450-Seelen-Dorf. Im Dorf-Saal hat er geredet und mit uns diskutiert. Der Saal war voll, viele Bürgerinnen und Bürger waren gekommen; es war seit Jahrzehnten die erste größere politische Veranstaltung in unserem Dorf.

Auch wenn keinem von uns bei der Gründung die Zwecke und Hoffnungen der Altvorderen vom Beginn des Jahrhunderts auch nur schemenhaft bekannt gewesen sind, gewirkt haben sie dennoch. Der SPD-Ortsverein in Weiler hat die Verhältnisse dort nicht auf den Kopf gestellt. Die Gegend ist immer noch schwarz. Einen Jugendraum gibt es trotz unseres jahrelangen Einsatzes leider bis heute nicht. Der Ortsverein ist nie groß geworden. Einige Genossinnen und Genossen sind inzwischen abgesprungen, andere sind dazu gestoßen. Aber dass es ihn gibt, hat schon etwas verändert: Es hat die Sozialdemokratie gesprächsfähig gemacht und ansprechbar – am Stammtisch, am Gartenzaun, auf der Straße. Wir sind im Dorf präsent, gehören dazu. Das wirkt.

Schon ein Jahr später wurde ich in den Gemeinderat gewählt – damals als einzige Frau. Auch heute ist dort nur eine Frau vertreten: meine Mutter, auch sie für die SPD. Acht Jahre nach mir sind meine

Eltern in die Partei eingetreten, wurden zu „erfahrenen Genossen",
wie Friedrich Ebert sie sich vorgestellt hat. Heute erzielt die SPD bei
Wahlen zum Landtag oder zum Deutschen Bundestag in meiner
Heimat konstant gute Ergebnisse. Der Ortsverein ist mit Grundlage
für diesen Erfolg.

Andrea Nahles, MdB, ist Bundesministerin für Arbeit und Soziales und
gründete 1988 den Ortsverein Weiler.

Dietmar Nietan

Jetzt war ich Genosse ...

Im November 1980 drückte mir mein Schulfreund Detlef Grap nach einer Sitzung des Schülerrates ein rosafarbenes Formular in die Hand. Ich war damals 16 Jahre alt und wenige Wochen zuvor zum Schülersprecher meiner Schule, dem Burgau-Gymnasium gewählt worden. „Wer sich so für seine Mitschülerinnen und Mitschüler einsetzt und so engagiert für ein gerechteres Schulsystem kämpft, wie Du, der gehört in die SPD", meinte Detlef. Ich nahm den Aufnahmeschein mit nach Hause und brachte ihn am nächsten Tag wieder mit in die Schule – unterschrieben.

An einem Samstagnachmittag im Januar des Jahres 1981 klingelte es bei uns zu Hause. Die örtliche SPD-Stadtratsabgeordnete Heidi Meier-Grass stand vor der Tür, um mir persönlich mein Parteibuch zu überreichen und mich willkommen zu heißen – im größten Ortsverein unseres Unterbezirks, dem Ortsverein Düren Mitte.

Dass sich eine echte Stadtverordnete so viel Zeit nahm und mich von Anfang an auf gleicher Augenhöhe behandelte, fand ich damals ungewöhnlich. Jetzt gehörte ich der großen alten SPD an. Ich war jetzt Genosse. Und ich war auf einmal mit Menschen per Du, deren Gesichter ich bis dato nur aus dem Lokalteil der Tageszeitung kannte.

Solange ich Schülersprecher war, wollte ich keine Ämter bei den Jusos und der SPD übernehmen. Es sollte mir niemand nachsagen, dass ich mein Amt als Schülersprecher parteipolitisch missbrauche. Und so stieg ich erst Anfang 1983 ‚so richtig' bei der SPD und den Jusos ein – mit dem Besuch einer mir bis heute unvergesslichen Ortsvereinsversammlung.

Als ich – ganz untypisch für einen Juso – überpünktlich in den Versammlungsraum des Stadtpark-Restaurants kam, um mich vorab mit meinen Juso-Kolleginnen und Kollegen zu treffen, ahnte niemand von uns, dass wir an diesem Abend maßgeblich daran beteiligt sein würden, diese Mitgliederversammlung zu einer der denkwürdigsten unseres Ortsvereins werden zu lassen.

Wir Jusos wollten an diesem Abend einen Beschluss der Ortsvereinsversammlung herbeiführen, in dem der von Bundeskanzler Helmut Schmidt vorangebrachte „NATO-Doppelbeschluss" abgelehnt werden sollte. Unser Antrag war durchaus mit einer gewissen radikalen Rhetorik versehen. Schließlich sahen wir uns selbst natürlich auf dem ganz linken Flügel der Partei; eben da, wo richtige Jusos nun einmal zu stehen haben.

Der damalige Ortsvereinsvorsitzende war Helmut Müller, ein glühender Verehrer Helmut Schmidts und Vorsitzender der Arbeitsgemeinschaft der Selbstständigen. Helmut war von unseren Formulierungen, aber vielleicht sogar noch mehr von unserer offenkundigen Illoyalität zum erst vor wenigen Wochen von der FDP gestürzten sozialdemokratischen Bundeskanzler schier entsetzt. Mit ihm werde es einen solchen Ortsvereins-Beschluss nicht geben und überhaupt: Der Antrag sei nicht fristgerecht eingegangen und der „NATO-Doppelbeschluss" stehe heute ja auch gar nicht auf der Tagesordnung.

Jeder von uns kennt aus seiner Juso-Zeit die „Altgenossen", die wir in einer gewissen Weise durchaus verehrten, weil sie uns, die „jungen Wilden" verstanden. Diese „Altlinken" brachten die Kritik an „den bestehenden Verhältnissen" vielleicht nicht mehr so radikal, wie unsereiner rüber. Aber dafür waren sie oft rhetorisch viel geschickter, was sich im Sinne der Erlangung der Mehrheitsfähigkeit unseres Antrags als durchaus hilfreich erweisen sollte.

An diesem Abend war es der Lehrer Hermann Schroeders, der uns Jusos genau in dieser Weise begeisterte. Hermann, langjähriger Falken-Funktionär und stellvertretender Ortsvereinsvorsitzender, war unsere Vaterfigur schlechthin – spätestens aber am Ende dieser denkwürdigen Versammlung.

Der Juso-Antrag schieße an manchen Stellen vielleicht ein wenig übers Ziel hinaus, aber wir seien ja alle einmal jung gewesen, meinte er. Er wolle hier mal eine etwas entschärfte Variante des Juso Antrages vorschlagen, der eigentlich alle zustimmen könnten, denn im Grundsatz seien wir doch bestimmt alle gegen diesen blöden „NATO-Doppelbeschluss". Ach so, die Frage der Tagesordnung. Nun ja, formal habe der liebe Helmut recht, aber er solle doch einfach über eine entsprechende Änderung der Tagesordnung abstimmen lassen. „Wir wollen doch unseren Nachwuchs nicht mit Formalien vergraulen", meinte Hermann lakonisch.

Der Rest ist schnell erzählt: Natürlich kam der von Hermann Schroeders überarbeitete Juso-Antrag auf die Tagesordnung. Alle Anwesenden, bis auf den amtierenden OV-Vorsitzenden, ließen Helmut Schmidt im Regen stehen und stimmten dem Antrag zu. Helmut Müller trat nach der Abstimmung noch in der Versammlung zurück. Sehr zur Freude der Jusos wurde Hermann Schroeders auf der nächsten Versammlung zum neuen Ortsvereinsvorsitzenden gewählt. Er blieb unser Ortsvereinsvorsitzender bis 1990. Auf seinen Vorschlag hin wurde im Jahr der Wiedervereinigung ein 26jähriger Juso namens Dietmar Nietan als sein Nachfolger zum Vorsitzenden des Ortsvereins Düren Mitte gewählt.

Im Herbst 1998 habe ich mein Amt als Ortsvereinsvorsitzender niedergelegt. Mittlerweile war ich Unterbezirksvorsitzender und Mitglied des Deutschen Bundestages. Seit fast 35 Jahren gehöre ich nun ununterbrochen diesem einen – meinem – Ortsverein an. Er heißt mittlerweile Düren Mitte-West. Das ist mir aber egal, denn dieser Ortsverein hat mich in meiner politischen Sozialisation wie keine andere politische Ebene geprägt.

Meine politische Karriere ist weniger meinem eigenen Verdienst geschuldet, als vielmehr der Freundschaft, Solidarität und Unterstützung ganz vieler Menschen innerhalb und außerhalb dieser großartigen SPD. Aber ohne die Solidarität meiner Genossinnen und Genossen aus dem Ortsverein Düren Mitte hätte diese Karriere niemals begonnen. Das Handwerkszeug der Politik habe ich dort gelernt.

Heute erlaubt es mir mein übervoller Terminkalender leider viel zu selten an einer Mitgliederversammlung meines Ortsvereins teilzunehmen. Wenn es dann doch einmal klappt, gibt es kaum etwas Schöneres, als endlich wieder zu Hause zu sein!

Dietmar Nietan, MdB, ist Schatzmeister der SPD und trat in den Ortsverein Düren Mitte ein.

Guido Peruzzo

Ortsvereinsvorsitzender und Botschafter – geht das?

Als ich 1999 zum Ortsvereinsvorsitzenden gewählt wurde, waren der Deutsche Bundestag und die Bundesregierung noch gerade in Bonn. Aber in diesem Jahr erfolgte der Umzug nach Berlin. Ich war Bundesbeamter und wollte da sein, wo die politische Musik spielte. Das war natürlich Berlin und so hätte ich eigentlich ganz dort sein sollen. Aber es kam anders. Wie viele Bundesressorts hatte auch mein Ministerium zwei Standbeine, eines in Bonn und eines in Berlin, die auch auf Dauer beibehalten werden sollten. Aufgrund der Funktionen, die ich ausübte, hatte ich die Gelegenheit, für fast zehn Jahre jeweils ein Büro sowie Mitarbeiterinnen und Mitarbeiter in beiden Städten zu haben. Zuerst war ich der Personalchef und musste natürlich an beiden Standorten immer präsent sein, so gut es ging. Dann war ich für einige Jahre der stellvertretende Generaldirektor für Außenwirtschaft und dabei nicht nur zwischen Bonn und Berlin unterwegs, sondern so ziemlich in der ganzen Welt.

In diesen Jahren stellte sich oft die Frage, geht das zusammen? Konnte und wollte ich das auf Dauer zeitlich und arbeitsmäßig vereinbaren? Ich habe es einfach gemacht und im Laufe der Zeit hat es sich dann auch eingespielt. Die Genossinnen und Genossen im Ortsverein waren flexibel und rücksichtsvoll. Unsere Mitgliederversammlungen legten wir in der Regel auf Freitage oder Montage. So konnte ich es mir einrichten, in Bonn zu sein. Wenn dann irgendetwas an den übrigen Werktagen der Woche stattfand, an dem der Ortsverein dabei sein musste oder es gar selbst ausrichtete, weil es zeitlich nicht anders möglich war, wurde ich von anderen Vorstandsmitgliedern vertreten. Also, es ging!

Ein weiterer Umbruch folgte dann 2008. Ich wurde Botschafter Deutschlands bei der Europäischen Union in Brüssel. Jetzt waren es also nicht mehr 600 km zwischen Bonn und Berlin, sondern nur 250 km zwischen Bonn und Brüssel. Aber ich hatte nur noch einen Standort und ein Büro mit vielen Mitarbeiterinnen und Mitarbeitern. Das war Brüssel und zwar von montags bis freitags, und oft kam das ganze Wochenende auch noch dazu. Aus sehr guten Erfahrungen über rund zehn Jahre Bonn/Berlin haben wir einfach mit Bonn/Brüssel im Ortsverein weitergemacht wie vorher, nur schränkte sich die Möglichkeit für Mitgliederversammlungen auf die Freitagabende ein. Auch das funktionierte sieben Jahre ohne größere Reibungsverluste, natürlich mit der entsprechenden Rücksichtnahme bei allen Beteiligten.

Organisatorisch änderte sich also nicht viel. Der große Unterschied zeigte sich bei Brüssel dann aber ganz woanders. Das betraf die Frage, mich politisch und damit parteipolitisch äußern zu können. Als Botschafter hatte ich selbstverständlich in öffentlichen Äußerungen die Positionen der Bundesregierung in den einzelnen Politikbereichen zu vertreten. Wenn unsere Partei oder auch ich persönlich das anders sahen, war es oft ein schwieriger Abwägungsprozess, wie weit ich gehen konnte, was ich noch sagen durfte oder wo ich besser den Mund hielt. In meiner Anfangszeit in Brüssel regierte in Berlin die Große Koalition bis Ende 2009. Da war es noch nicht ganz so schwierig. Nehmen wir als Beispiel die Energiepolitik und den Klimaschutz. CDU/CSU und SPD lagen zwar nach schwierigen vorherigen Abstimmungen im Ergebnis dann sehr weitgehend auf einer Linie. Es fiel mir also nicht schwer, die Position der Bundesregierung inhaltlich mitzutragen, selbst wenn einige bei uns diese nicht teilten. Ich kam jedenfalls in keine unüberwindbaren Schwierigkeiten. Das war in der dann folgenden schwarz-gelben Regierung bis Ende

2013 schon ganz anders. Wenn es zum Beispiel um die Griechenlandkrise und die Regulierung der Finanzmärkte ging, zeigten sich in unserer Partei und auch bei uns im Ortsverein deutliche Unterschiede zu den Positionen der Bundesregierung mit dem neuen neoliberalen Partner an der Seite der Union. Dieser wurde dann ja auch bei der folgenden Bundestagswahl entsprechend abgestraft und ist jetzt nicht mehr im Deutschen Bundestag vertreten. Für mich stellte sich nicht in internen Sitzungen, aber immer wieder in öffentlichen Veranstaltungen, zu denen ich in meiner Funktion als Botschafter eingeladen wurde, die Frage, wie weit ich gehen durfte mit kritischen Anmerkungen zur Politik der Bundesregierung und wo die Loyalität es erforderte, mich zurückzuhalten.

Besondere Zeiten waren natürlich die Wahlkämpfe bei Kommunal-, Landtags-, Bundestags- oder Europawahlen. Hier standen wir, wie die anderen Parteien auch, an unseren Ständen im Ortsteil und versuchten, unsere Positionen zu den einzelnen Themen zu vermitteln. Da es dabei aber höchst selten in die Tiefe der inhaltlichen Auseinandersetzung ging, fiel es mir nicht schwer, meine Funktion im Beruf und die im Ortsverein miteinander zu vereinbaren. Dennoch kam es immer wieder vor, dass Mandatsträger aus dem Europäischen Parlament oder dem Deutschen Bundestag, die den anderen Parteien angehörten, an deren Stände kamen, mich an unserem sahen und mich kannten, und dann Bemerkungen dazu machten, dass ich ja eigentlich die Position der damals schwarz-gelben Bundesregierung und nicht der Opposition vertreten sollte. Der letzte Ernst steckte natürlich nie dahinter.

Aber auch das ist seit der nun amtierenden Großen Koalition wieder leichter geworden. Die momentan vorherrschenden Themen Migration und Asyl dürfen keinen Anlass für parteipolitische Ränkespiele bieten. Hier geht es darum, dass wir alle zusammen den Menschen helfen, die als Bürgerkriegsflüchtlinge oder politisch Verfolgte ihre Heimat verlassen haben und woanders Schutz suchen. Und dies ist keine nationale, sondern eine gemeinsame europäische Aufgabe.

Dr. Guido Peruzzo war viele Jahre Botschafter der Bundesrepublik bei der EU in Brüssel. Sein Amt als Ortsvereinsvorsitzender in Bonn gab er dafür nicht auf.

Klaus-Jürgen Scherer

Geständnis eines leicht Abtrünnigen: Engagement jenseits des Ortsvereins

Ja, ich gestehe: Seit 40 Jahren SPD-Mitglied bin ich nie so richtig warm geworden im eigenen Ortsverein. Aber meine Botschaft ist: Da muss man trotzdem nicht – wie leider bis zu 90 Prozent der Genossinnen und Genossen – zur „Karteileiche" werden. Denn – ob lokal oder überregional – man kann sich vielfältig im SPD-Umfeld engagieren und Impulse von dort wieder in den Ortsverein hineintragen.

Mag sein, dass ich zu eigensinnig bin, aber die (wahrscheinlich recht zufälligen) subjektiven Erlebnisse bauten mir keine Brücken: Ich sollte sofort einem rechten Flügel beitreten, dessen hauptsächliches Argument war: „Mit uns kannst Du etwas werden!" Oder ich sollte der Stamokap-Linken angehören, mich zu einer Programmatik bekennen, in der die DDR letztlich als fortschrittliches Land verkauft wurde (daran, dass ich eine „Plattform", die Minderheitenschutz nur im Rahmen „sozialistischer Legalität" kannte, nicht unterschrieb, war bereits meine Aufnahme in die Juso-Hochschulgruppen, bei uns damals ein umbenannter Sozialistischer Hochschulbund, gescheitert). Der goldene Mittelweg gelang nur kurze Zeit, als wir uns innerparteilich als „undogmatische Linke" versuchten.

Wahrscheinlich fehlte mir das „Macht-Gen", ich war mir immer zu selbstkritisch, um Multifunktionär zu werden, die Beständigkeit, die man braucht, um sich immer wieder zur Wahl zu stellen, brachte ich nicht auf, jedenfalls fühlte ich mich wohler in projektbezogener Arbeit und, zusammen mit vielen anderen SPD-Genossinnen und Genossen, in der Ökologie- und Friedensbewegung.

Später erlebte ich den Ortsverein als verschworene Gemeinschaft zur Sicherung kommunaler Posten; da störte man schnell Kreise, wenn man mehr wollte, als nur die Luftballons des Kinderfestes aufzublasen. Bereits bei der Verleihung einer Urkunde für langjährige Mitgliedschaft mit einer eigenen kleinen Rede zu antworten, ging im Ortsverein zu weit.

Zu viele Rentner, Politkarrieristen, skurrile Zeitreiche? Nein, ich will den Ortsverein, diese Keimzelle der Parteiendemokratie, nicht verunglimpfen. Er bleibt zur Parteiintegration und Mitsprache wesentlich: um in der fragmentierten Gesellschaft über das eigene Sozialmilieu und die eigene Generation hinauszublicken, um die freie Meinungsbildung im direkten Gespräch – idealtypisch im rationalen Diskurs – zu üben, damit es in der Partei nicht nur Führung, sondern auch demokratische Teilhabe gibt. Von der Erdung der politischen Klasse, über die Bildung und politische Sozialisation, über den kollektiven Spaß an der Mitwirkung, bis hin zur sichtbaren Präsenz der Partei vor Ort: Es fallen einem viele Argumente zugunsten des Ortsvereins ein. Wenn es gelingt, dass dort Mitglieder gerne einen Teil ihrer Freizeit verbringen, dann ist das in vielerlei Hinsicht gut so.

Doch wenn der Ortsverein nicht antörnt, kann auf andere Formen der Aktivierung zurückgegriffen werden – die dann wieder zurückwirken und die Ortsvereine thematisch beleben sollten. So lauteten Schlüsselsätze der Parteireform („SPD 2000. Die Modernisierung der SPD" aus dem Jahr 1993): „Die Parteiorganisation muss alle Möglichkeiten zur Formulierung und Umsetzung politischer Positionen ausschöpfen und dabei neue Wege der Vernetzung und Öffnung gehen. Das Wohnortprinzip bleibt grundsätzlich erhalten, doch sollen Ausnahmemöglichkeiten großzügig gehandhabt werden. Sozialdemokratinnen und Sozialdemokraten müssen verstärkt in Initiativen und Bewegungen mitarbeiten, um als Ansprechpartner für Bürgerinnen und Bürger fungieren zu können." Dazu zwei Beispiele: der akademische Verein und das Kulturforum.

Der akademische Verein

Die Hochschulinitiative Demokratischer Sozialismus (HDS) war gerade als unabhängiger gemeinnütziger Verein gegründet, als ich 1977 als junger Politologiestudent im Treppenhaus des legendären Otto-Suhr-Instituts der Freien Universität Berlin einen Aushang fand, auf den hin ich mich meldete. Vor allem Sozialwissenschaftler und Historiker organisierten sich, um auf Tagungen und in Schriften an einer praxisbezogenen wie systemverändernden Reformtheorie im Umfeld der SPD zu arbeiten. Das entsprach meiner neu gewonnenen Identität als politologischem Nachwuchs. Und meiner Studienmotivation, die Welt zu verändern und mitzuhelfen, die Gesellschaft gerechter, demokratischer und ökologischer zu gestalten (darüber, einen Job zu finden, machten wir uns damals noch keine Sorgen!). Die HDS passte zu meiner politischen Gesinnung: Das war eine Alternative zum technokratischen Krisenmanagement – wie wir damals sagten – eines Helmut Schmidt, war eine Alternative zur politischen Naivität der Spontis und zu entstehenden Neuen Sozialen Bewegungen, war vor allem aber eine Alternative zu den an der Uni immer noch hegemonialen Spielarten des dogmatischen Marxismus. Ob die antirevisionistische Klassikerexegese und die Kapitalkurse von Wolfgang Fritz G. Haug oder Elmar Altvater, ob maoistischer Stalinismus, ob trotzkistische Geheimbündelei, ob Einflussstrategien der SED (mit einem älteren Semester konnte man in der OSI-Cafeteria jederzeit über den Realsozialismus diskutieren, heute weiß man, das war der Stasi-Anwerber) – das war irgendwie alles nichts für mich.

Reform statt Revolution, Demokratisierung statt Einparteiensystem und Diktatur des Proletariats, antikapitalistische Strukturveränderungen statt Verstaatlichung, Aktivierung und Hierarchieabbau statt bloßer Elitenwechsel, mehr Eduard Bernstein als Karl Marx und erst recht kein Lenin – so lauteten frühe Orientierungspunkte. Ossip K. Flechtheim, Fritz Vilmar, Horst Heimann, Thomas Meyer, auch Gesine Schwan, wurden da frühe akademische Lehrer. An der Heimvolkshochschule der Friedrich-Ebert-Stiftung in Freudenberg bei Siegen erlebte ich eine parteiintellektuelle Debattenkultur, die weit in die SPD hinein ausstrahlte. Dort, bei einem solchen Aufbruch, auch mit ersten eigenen publizistischen Bemühungen, dabei zu sein, das war wie ein wissenschaftlicher und politischer Ritterschlag. Und an der Ortsvereinsbasis wiederum kam durchaus so einiges an: die Bernsteindebatte, die Grundwertedebatte, die Beiträge auf dem Weg hin zum Berliner Grundsatzprogramm, unsere Formel vom Ökosozialismus usw., usf.

Den unabhängigen Verein mit 150 Mitgliedern, die „über den Tag hinaus" an sozialwissenschaftlichen Analysen und grundsätzlichen Fragen der Gesellschaftsreform interessiert sind, gibt es nach wie vor. Mit seiner Halbjahreszeitschrift „perspektiven ds", die im Schüren Verlag Marburg erscheint, mit regelmäßigen Tagungen, auf denen immer noch die Spannungsbögen sichtbar bleiben zwischen Theorie und Praxis, zwischen Utopie und Machbarem, zwischen langen Linien und aktuellen Möglichkeiten, zwischen grundsätzlicher Kritik und schneckenartigem Fortschritt, zwischen den Grundwerten und dem Korsett realer Mächte. – Übrigens, wie das Leben so spielt: Ich bin seit über 15 Jahren der Geschäftsführer dieses kleinen, aber wichtigen Vereins!

Das Kulturforum der Sozialdemokratie

Im traditionellen Industriekapitalismus, in dem es rauchte und stank und der für die meisten so elende Lebensverhältnisse brachte, dass Gewerkschaften und SPD ihren Kampf für gleiche Freiheit für alle aufnahmen, war neben dem Betrieb der Ortsverein die Basis aller Arbeiterdemokratie. Weitgehend ausgeschlossen aus dem öffentlichen Bürgerleben konzentrierten sich die Arbeitermassen in bestimmten Vierteln und Quartieren (während angesichts des häufigeren Westwindes die Fabrikantenvillen meist im Westen der Städte lagen). Ein soziologisch ziemlich homogenes Proletariat brachte eine eigene Arbeiterkultur vor Ort hervor, mit Bildungsvereinen, Wohnungs- und Konsumgenossenschaften, Sportvereinen, Arbeiterjugend, Sozialverbänden usw. – und im Zentrum dieser Organisationen des eigenen Sozialmilieus stand der Ortsverein der Partei. Noch ohne elektronische Massenmedien wurde dort informiert, agitiert und diskutiert, natürlich auch gewählt. Vor allem stellte sich eine Gemeinschaft der Gleichgesinnten her, das emotionale Band einer säkularisierten sozialistischen Heilserwartung wurde immer wieder erneuert.

Heute ist das ganz anders. In einer linken Volkspartei, die eben keine Klassenpartei mehr sein kann, finden sich die unterschiedlichsten Sozialmilieus. Thematische Interessen fallen weit auseinander. Und mancher gehört im Umfeld dazu, ohne das Parteibuch zu besitzen. Die Partei vielfältiger zu gestalten, sie für Unterstützer und Unterstützerinnen zu öffnen, wurde daher zu einer wichtigen Aufgabe. Wer sich weniger für Kommunalpolitik, für innerparteiliche Positionierungen und Machtfragen interessiert, wer sein Engagement lieber thematisch konzentriert, dem müssen ebenfalls Angebote der Mitwirkung gemacht werden. Daher Arbeits- und Gesprächskreise, vor allem aber die Arbeitsgemeinschaften und Themenforen, die den besonderen gesellschaftlichen Dialog pflegen und einen wesentlichen Teil der Vorfeldarbeit der SPD übernehmen.

Das älteste und vielleicht wichtigste Themenforum ist das Kulturforum der Sozialdemokratie, 1996–2015 mit dem Vorsitzenden Wolfgang Thierse, 2000–2015 mit mir als Geschäftsführer. Es wurde 1983 von Peter Glotz und Willy Brandt gegründet, verfügt über ein Netzwerk von über 35 regionalen Kulturforen, die sich auf städtischer oder Landes-Ebene oft als gemeinnützige Vereine organisiert haben. Und die ihre künstlerischen, kulturellen und kulturpolitischen Kontakte, Events, Interessen und Positionen wiederum in die SPD, oft auf der Unterbezirksebene und bis in die Ortsvereine hinein, zurückspeisen. Es geht darum, kulturnahe Milieus, wie sie vor allem großstädtisch präsent sind, spezifisch anzusprechen und in der Öffentlichkeit wie innerparteilich eine Art Lobby für Kunst, Kultur und Künstler und Künstlerinnen zu organisieren. So hieß es bereits vor dreißig Jahren: „Das Kulturforum setzt sich für die künstlerischen Belange besonders ein, trägt zur Erweiterung des Sachverstandes der SPD in kulturpolitischen Fragen bei und bietet sich als respektabler Ansprechpartner für engagierte Personen oder Gruppen des Kulturlebens an."

Dort, wo es gut läuft, wird die Ortsvereinsarbeit durch das Kulturforum bereichert. Kulturforen können helfen, etwa wenn man Musiker, Kabarettisten oder Literaten für ein Parteifest sucht, oder wenn es gilt, das kritische, akademische Bürgertum anzusprechen. Kulturforen können helfen, etwa durch gemeinsame Theater-, Ausstellungs- oder Atelierbesuche, um so den sozialdemokratischen Zusammenhalt zu stärken und die Partei für die Künste zu sensibilisieren. Kulturforen können dabei helfen, dass kulturpolitische Probleme und Entscheidungen besser in der Politik der Gesamtpartei Berücksichtigung finden, dass es nicht dazu kommt (der Beispiele sind leider einige), dass verantwortliche Sozialdemokraten durch nichtkommunizierten Kulturabbau oder Kunstausverkauf in der Öffentlichkeit ziemlich dumm dastehen. Kulturforen können beim Verteilungskampf um das immer zu knappe Geld der Kultur helfen – aktuell: Wieweit werden zusätzliche Gelder zur Entlastung der Kommunen eigentlich zur Sicherung und Innovation der Kulturinstitutionen genutzt? Sollte damit nicht auch die zumeist sträflich vernachlässigte „Freie Szene" besser gefördert werden?

Spätestens beim nächsten Wahlkampf, das hat sich auf allen Ebenen der Partei herumgesprochen, sind Auftritte von Unterstützern und Unterstützerinnen, sind Testimonials, Bekenntnisse und Anzeigen von prominenten Künstlern und nicht ganz unbekannten Kulturschaffenden wieder gefragt: Persönlichkeiten des öffentlichen Lebens, gerade wenn man ihr Gesicht aus Film und Fernsehen kennt, glaubt man in der Mediengesellschaft leichter, dass unsere jeweiligen Kandidaten die richtigen sind und sie die bessere Politik machen werden. Ohne die guten Beziehungen über die Kulturforen zu den Künstlern und Künstlerinnen, gerade auch zwischen den Wahlen, liefe da wenig.

Zum Schluss nochmals, ich bekenne mich schuldig: Mein Ortsverein, der in Berlin Abteilung heißt, sieht mich zu selten. Abends, wenn er tagt, ist oft kein Feierabend, stehen häufig Kulturereignisse und Diskussionsveranstaltungen an. Aber besser mitzuhelfen, das Ortsvereinsleben durch Kontakte und Erfahrungen aus Verein und Kulturforum zu beleben, das wäre ein guter Vorsatz. Denn letztlich kommt es, um des gegenseitigen Vorteils willen, auf die lebendige Verbindung von Ortsverein und SPD-nahen Beibooten an.

Dr. Klaus-Jürgen Scherer war 15 Jahre Geschäftsführer des Kulturforums der Sozialdemokratie und ist geschäftsführendes Vorstandsmitglied der HDS sowie Redakteur der Zeitschrift „Neue Gesellschaft/Frankfurter Hefte". Er sucht die Arbeit der Ortsvereine durch aktive sozialdemokratische Arbeit ‚von außen' zu beleben.

Wilhelm Schmidt

Erinnerungen und ein Aufruf

Demokratie im SPD-Ortsverein? Na, ja – in der niedersächsischen Provinz war das trotz (oder wegen?) der stark industriellen Struktur, die aus Beschlüssen der Nazi-Diktatur entstanden war (Salzgitter AG, Volkswagen), nicht so ganz eindeutig. Im Rückblick erinnere ich mich an die Dominanz „alter Männer" (deren Alter ich heute schon längst überschritten habe) und eine nicht sehr ausgeprägte Offenheit und Transparenz gegenüber Anregungen aus der Mitgliedschaft des Ortsvereins oder gar der Bürger vor Ort. Die von Herbert Wehner initiierten SPD-Betriebsgruppen spielten im Schulterschluss mit der IG Metall und dem örtlichen DGB eine starke Rolle. Und auf diese Strukturen verließ man sich eben, auch in der Bevölkerung.

Als wir Jusos – ausgestattet mit sozialdemokratischem Wertebild – nach Möglichkeiten für eigene Aktivitäten suchten, hatten wir das im Blick, was bei den Menschen im Stadtteil interessant und wichtig war. So wurde u. a. eine erste „grüne" Bürgerinitiative gegründet, durch die letztlich erfolgreich das Abholzen eines größeren Waldstücks zugunsten einer großen Beton-Wasserstation verhindert werden konnte. Der Bau eines Schwimmbades und einer Jugendfreizeitstätte konnten dann der politischen Mehrheit klargemacht und abgerungen werden. Und dass die „Jungen" im Ortsverein schon sehr früh gegen die Atommülllagerung in ausgebeuteten Bergwerken der Region („Asse" und „Konrad") eintraten, fand am Anfang nicht besonders viel politischen Rückhalt.

Ein wichtiger Teil der Aktivitäten des Ortsvereins bestand in Wahlkämpfen. Die waren gekennzeichnet durch Wahlversammlungen, in die tatsächlich viele Menschen kamen. Sie waren relativ unkritisch, politisch wenig aufgeklärt, aber aktiv. Das völlige Gegenteil der heutigen Generation politisch Interessierter. Das Flugblatt oder das „Ortsblatt" des SPD-Ortsvereins galten etwas. Verteilungen an tausende von Arbeitern in den Stahl- und Autowerken waren die Regel, egal bei welchem Wetter und mit welchen Wahlaussichten.

Und die Spitzenkandidaten in den 1960er Jahren auf Landes- und Bundesebene zogen bei Wahlveranstaltungen hunderte und tausende Zuhörerinnen und Zuhörer an. Wahlprogramme spielten eigentlich immer eine untergeordnete Rolle, wichtiger war der persönliche Kontakt zwischen den politisch Verantwortlichen und den Bürgerinnen und Bürgern. Das, was heute mit einer neuen Nachbarschafts-Kampagne wieder auf den Weg zu bringen versucht wird und was über viele Jahre fast verschüttet war durch die starken Eindrücke von medialen Mega-Botschaften, war vor einem halben Jahrhundert noch durch enge Kontakte im Quartier „normal". Man kannte sich, man sprach miteinander, man orientierte sich vor Ort im Wohnbereich und in der Arbeitswelt.

In der Arbeiterwohlfahrt haben sich ähnliche Entwicklungen durchgesetzt. Die Ortsvereinsarbeit findet nur noch dort ihren Rückhalt und das Interesse vieler Menschen, wenn sie die Quartiersthemen zu nutzen versteht. Der stark kommerzialisierte Einfluss und die damit verbundenen neuen Aufgaben der ehrenamtlichen Führungskräfte in der sozialen Arbeit reduzieren (leider!) die Möglichkeiten enger Kontakte zu den Menschen in der Nachbarschaft und in den Sozialeinrichtungen. Auch daran ist der gesellschaftliche Wandel zu erkennen, dem alle großen Organisationen der Zivilgesellschaft unterliegen – auch die SPD und die Gewerkschaften.

Ein belebendes Element der Ortsvereinsarbeit waren Partnerschaften zu sozialdemokratischen Gruppen in anderen Städten, auch Partnerstädten. Salzgitter-Thiede und Essen-Karnap, Berlin-Charlottenburg noch vor der Wende, Gotha nach der Wende – das gab viel Motivation. Noch wertvoller und hilfreicher könnten nach meiner Ansicht Partnerschaften zwischen eigentlich befreundeten Organisationen im Umfeld der SPD sein. Warum arbeiten AWO, ASB, Naturfreunde, Falken und andere nicht wieder stärker zusammen? Gerade in der Quartiersbelebung und im ehrenamtlichen Einsatz vor Ort wäre da sicher viel für die Menschen zu gestalten.

Und dies sollen meine abschließende Bitte und mein Aufruf sein: Solidarität praktizieren heißt, für die Menschen wieder enger zusammenzurücken und sich gleichzeitig organisatorisch zu stärken!

Wilhelm Schmidt ist Präsident des Arbeiterwohlfahrt Bundesverbands, war Bundestagsabgeordneter für Salzgitter-Wolfenbüttel und Erster Parlamentarischer Geschäftsführer der SPD-Bundestagsfraktion. Er trat in den Ortsverein Wolfenbüttel ein und wechselte danach in den Ortsverein Salzgitter-Thiede.

Michael Vassiliadis

Zuneigung auf Umwegen

Im Juso-Alter von 17 Jahren bin ich 1981 Mitglied der SPD geworden. Eines Nachmittags ging ich einfach zur örtlichen SPD in Dormagen. „Ich möchte bei Euch Mitglied werden", teilte ich den dort etwas erstaunt wirkenden Genossinnen und Genossen der Ortsvereinsverwaltung mit. Anstatt mich sofort willkommen zu heißen, erhielt ich folgende Fragen: „Du bist sehr jung! Hast Du Dir das gut überlegt? Möchtest du nicht erst einmal bei den Jusos und Deinem SPD Ortsverein vorbeischauen, bevor Du diese Entscheidung triffst?!" Diese Fragen verblüfften mich. Ich habe dennoch den Aufnahmeantrag an Ort und Stelle unterschrieben, schließlich wusste ich, was ich wollte, die SPD offenkundig weniger. Seitdem bin ich Mitglied der SPD. Meine Zuneigung für den Ortsverein ist aber erst über die Jahre gewachsen.

Meine Entscheidung zum Eintritt hatte mit meiner Energie und Ungeduld zu tun. Ich wollte gestalten, ich wollte mitbestimmen, wissen, was passiert. Als Schüler hatte ich mit der politischen Schülerarbeit begonnen. Ich war Schulsprecher und in der Schülervertretung auf Kreisebene engagiert. Als Sohn eines griechischen Gastarbeiters und als Junge aus Nordrhein-Westfalen setzte ich mich für junge Menschen ein, und die Arbeitswelt, in die ich als Auszubildender eintrat, schien mir ein ideales Feld auch für sozialdemokratische Politik zu sein.

Ich wollte das Los der jungen Menschen und auch meins verbessern. Ich sympathisierte also früh mit der Politik der SPD. Ich wollte, wie so viele aus meiner Klasse und Nachbarschaft, etwas im Leben erreichen. Wir wussten: Das geht, wenn die Gesellschaft als Ganzes vorankommt. Fortschritt war das Zauberwort jener Zeit, die noch sozialdemokratisch regiert war.

Und: Für mich war die SPD die Partei, die den Nazis widerstanden hatte. 1981 konnten sich noch sehr viele Menschen an die Zeit zwischen 1933 und 1945 erinnern. Auch mein Vater, der als Kind unter deutscher Besatzung in Athen gelitten hatte. Politisch und emotional stand ich gegen diese Barbarei, aber auch gegen die deutsche Teilung und die Blockkonfrontation. Demokratie, Sozialstaat und Chancengleichheit waren für mich unvollendet und ein Antrieb für Politik.

Deswegen wollte ich da mitmachen, ging dann zu den Jusos und zum Ortsverein.

Die Jungsozialisten und meinen SPD Ortsverein habe ich in den Wochen nach meinem Parteieintritt kennengelernt. Aber ich war zunächst sehr irritiert.

Schon aus der Schülerarbeit kannte ich endlose, lähmende Diskussionen mit den Dogmatikern aus der DKP. Das war ätzend. Bei den Jusos ging es häufig ebenfalls weniger um das Gestalten als um das Recht behalten, und das noch nicht einmal gegenüber den politischen Gegnern, sondern untereinander in unübersichtlichen Fraktionen. Im Ortsverein wiederum begegnete mir die Realität der politischen Arbeit zwischen den gewählten SPD-Vertretern der Kommunalpolitik und den pragmatischen Gestaltern tagtäglicher Parteiarbeit vor Ort – zwischen Wahlkampf und Sommerfest. Von beiden, Jusos wie Ortsverein, hatte ich ehrlich gesagt, etwas anderes erwartet. Mehr inhaltliche, aber auch mehr unmittelbare Arbeit mit den arbeitenden Menschen im Betrieb.

Die Gewerkschaftsarbeit, die ich ebenfalls gleich mit Beginn meiner Ausbildungszeit 1980 anging, habe ich inhaltlich wie in der Praxis anders, konkreter und offener erlebt. Ich übernahm Verantwortung in der Jugend- und Auszubildendenvertretung (JAV) und in der Gewerkschaftsjugend der damaligen IG Chemie Papier Keramik. Die Kultur der Solidarität mündete hier ein in ganz unmittelbare Erfolge, die unseren Alltag als Jugendliche besser machten. Es gab den Ort, nämlich den Betrieb, es gab die Themen, nämlich die Gestaltung der unmittelbaren Bedingungen der Ausbildung, und es gab den Adressaten, den Arbeitgeber oder deren Verbände.

Das war ganz anders als im Ortsverein oder bei den Jusos: Die Tarifpolitik war durchaus vorausschauend und langfristig, die betriebliche Arbeit war durchaus konfliktär, hatte aber einen unmittelbaren Bezug und die gewerkschaftliche Gestaltungskraft war auch aufgrund der Stärke der IG Chemie Papier Keramik unmittelbar.

Und ich war mittendrin – konnte gestalten, Bewegung erzeugen, Mehrheiten organisieren und was verändern. Und es war etwas geschehen, was in den Jahrzehnten zuvor eher unüblich war. Die konkrete alltägliche Verbindung zwischen dem Sozialdemokraten Michael Vassiliadis in seiner SPD vor Ort und dem Gewerkschafter Michael Vassiliadis in seinem Betrieb vor Ort hatten nicht mehr viele Anlässe, sich zu treffen. Ich ging auf einen langen und erfolgreichen Weg durch die Gewerkschaftsarbeit, war meiner Partei immer treu und habe sie an vielen Stellen unterstützt, aber diese Zusammenarbeit fand nicht in einem Ortsverein statt. Das lag auch daran, dass ich in meinem Berufsleben einige Flexibilität an den Tag legen musste, allein achtmal umgezogen bin und dabei jeweils den Ortsverein gewechselt habe. Auch hier habe ich erlebt, dass Brüche vorprogrammiert sind und Verbindungen schnell verloren gehen können.

Mittlerweile blicke ich anders auf die Prozesse demokratischer Willensbildung und die Strukturen innerparteilicher Demokratie vor Ort. Meine beschriebene Ungeduld und mein Gefühl, dass die Ortsvereinsarbeit der SPD meine Interessen nicht aufgegriffen hat, weichen zum einen dem Verständnis, geben zum anderen aber auch Anlass zur Sorge.

Die SPD hat sich geändert und das in vielfältiger Weise. Mitgliederverluste und demografische Struktur der Mitgliedschaft gehören zu den Herausforderungen, und die Wiederbelebung und das Interesse der Menschen an kommunaler und regionaler politischer Gestaltung gehören zu den Chancen detaillierter, politischer Arbeit an den und für die Menschen.

Viele der etwa 8.000 Ortsvereine haben entdeckt, dass sich Menschen in unserer SPD engagieren, wenn sie etwas bewegen können. Diese Frauen und Männer in den Ortsvereinen sind die eigentliche SPD. Sie sind für die Menschen in der Nachbarschaft erreichbar, sie setzen Zeit und Mühe ein, um unter schwierigen Bedingungen jeden Tag die Werte der SPD zu leben und zu vermitteln.

Dies kann im besten Fall ansteckend sein, jedenfalls ansteckender als Werbekampagnen oder auch große Reden von Vorsitzenden. Die Mitglieder müssen miteinander die Probleme wie deren Lösung diskutieren und darum ringen, den besten Weg zu gehen. Manchmal geht es dabei programmatisch zu, das kostet Zeit und Nerven, aber ist eben auch der Boden für Ideen, Faszination und Motivation. Es ist der Grundsatz und ein Ausdruck einer sehr starken Demokratie.

Der Ortsverein ist die Zelle unserer Partei und ihre Diskussionsfreudigkeit ihr genetischer Code. Sicher, wir müssen darauf achten, dass wir dabei mit der Zeit gehen, und dass sich die Diskussionen nicht selbst überholen.

Das ist die Aufgabe einer Parteiführung und eines Parteilebens über die Ebenen hinweg. Wir wissen, die Menschen vor Ort wollen heute mehr denn je etwas gestalten und verändern. Möglichst konkret, schnell und ohne Abstriche. Auch dafür muss in einer Partei Platz sein. Aber eine Partei ist immer mehr. Aus dem was heute an Problemen zu gestalten ist und aus dem, was die Zukunft an Verbesserungen in Aussicht stellen muss, entstehen politische Ideen, Konzepte und Programme. Sich der Mühe des Diskurses zu stellen, ist das eigentlich Politische. Den Diskurs so zu gestalten, dass er lebendig bleibt und Ergebnisse erzielt, definiert exzellente Parteiarbeit. Hier können bis heute die Partei und die Gewerkschaften voneinander lernen, die Stärken austauschen. Die Partei hat in den letzten Jahren die Beteiligung der Mitglieder rasant nach vorne gebracht. Das ist der richtige Weg, denn es braucht mehr Mitsprache für Mitglieder, mehr Beteiligung. Zugleich ist die Beteiligung kein Ersatz für politische Positionierung und Vorbereitung der Diskurse in der Partei. Beides hat seinen Platz: Politische Koordination, Führung und breite Beteiligung der Mitglieder an den politischen Schwerpunktsetzungen. Ich bin der Überzeugung, dass die Ortsvereinsarbeit der SPD der Ort der Modernisierung dieser innerparteilichen Demokratie sein sollte. Hier beginnt die Politik, hier wird sie gelebt, hier hat sie ihre Zukunft. Und zwar dann, wenn nicht nur die SPD aufbricht, sondern auch viele andere Organisationen die Arbeit vor Ort zum Mittelpunkt machen und der Demokratie damit neue Kraft verleihen.

Diese Einsicht musste in mir wachsen. Zuneigung auf Umwegen also. Aber diese Überzeugung bleibt bestehen.

Michael Vassiliadis ist Vorsitzender der Industriegewerkschaft Bergbau, Chemie, Energie; berufsbedingt wechselte er seinen Ortsverein mehr als acht Mal.

Hans-Jochen Vogel

Als Akademiker im Ortsverein Freimann

Der Partei bin ich im Dezember 1950 beigetreten. Damals war ich in München mit 24 Jahren als Rechtsreferendar auf dem Wege zum zweiten Staatsexamen. Zugleich betrieb ich meine Promotion. Gewohnt habe ich in Freimann, einem Stadtteil, zu dem ein Reichsbahnausbesserungswerk – so hieß es seinerzeit noch – mit mehreren hundert Beschäftigten gehörte. Maßgebend für meinen Beitritt war fünf Jahre nach der Katastrophe des NS-Gewaltregimes meine Überzeugung, dass man sich persönlich für den Aufbau einer freiheitlichen und sozial gerechten Demokratie engagieren müsse und dass die Sozialdemokratie meiner Vorstellung von einer solchen Ordnung am nächsten komme. Außerdem hatte mich Kurt Schumacher bei einer Wahlveranstaltung im Sommer 1949 sehr beeindruckt. Und auch die Geschichte der SPD hat mir imponiert.

Zuständig war für mich, der ich mein Beitrittsformular im Parteibüro abgegeben hatte, dann der Ortsverein – in München sprach man noch lange von Sektion – Freimann. Zunächst ließ der nichts von sich hören. Nach einer Reklamation erhielt ich aber eine Einladung, aufgrund derer ich im März oder April 1951 das erste Mal an einer der monatlichen Sektionsversammlungen teilnahm. Sie fand im Nebenraum eines Gasthauses statt, in dem sich rund 20 ausschließlich männliche Mitglieder eingefunden hatten. Es waren mit ein oder zwei Ausnahmen Arbeiter oder Rentner, darunter einige, die der Partei schon vor 1933 angehört hatten.

Wie diese Versammlung im Einzelnen ablief, weiß ich nicht mehr. Jedenfalls wurde ich freundlich, aber auch mit einigem Erstaunen begrüßt. Denn ein Akademiker aus einer bürgerlichen Familie war dort als Mitglied etwas völlig Neues. Ich habe mich indes rasch eingewöhnt, aktiv mitgearbeitet und bald das Vertrauen meiner Genossen erworben. So haben sie mich schon 1952 zu ihrem Vorsitzenden gewählt, als der bis dahin amtierende Vorsitzende sein Amt wegen einer schweren Erkrankung aufgeben musste. Ich gestehe, dass ich darauf auch heute noch ein wenig stolz bin.

Vorsitzender blieb ich bis zu meiner Versetzung aus dem bayerischen Justizministerium, in das ich im Januar 1952 berufen worden war, an das Amtsgericht Traunstein im Sommer 1954. In dieser Zeit haben wir in unserem Ortsverein fleißig gearbeitet. Immerhin fielen in diese kurze Spanne zwei Wahlen; nämlich 1952 eine Kommunalwahl und 1953 die zweite Bundestagswahl. Da gehörten jeweils auch das Plakatekleben und die konkrete Unterstützung der örtlichen Kandidaten dazu.

1953 half uns dabei sogar Willy Brandt, den wir bis dahin gar nicht kannten. In Freimann waren damals in einer ehemaligen Kaserne über hundert Männer und Frauen untergebracht, die nach dem Aufstand vom 17. Juni 1953 aus der DDR geflohen waren. Sie traten in geschlossenen Gruppen für die Wiederwahl von Konrad Adenauer ein und waren für uns kaum ansprechbar. Auf meine telefonische Bitte hin, uns einen Redner zu schicken, der sich bei ihnen Gehör verschaffen könnte, sandte uns der Parteivorstand jemanden, der uns ganz unbekannt war, dem das aber schon deshalb zuzutrauen sei, weil er als Berliner Bundestagsabgeordneter die aktuelle Situation genau kenne. Und das war eben Willy Brandt. Auf einer von uns rasch organisierten Versammlung in einem Freimanner Gasthofsaal schaffte er es, dass sie ihm jedenfalls zuhörten und auch Fragen stellten. Vielleicht haben sie dann auch nicht mehr alle die Union gewählt. Das war zugleich meine erste Begegnung mit Willy Brandt. Vom und zum Hauptbahnhof – er kam mit dem Zug – fuhren wir mit der Straßenbahn. An das Gespräch, das wir dabei führten, erinnere ich mich heute noch. Es drehte sich um die damalige aktuelle politische Situation und um die Aussichten unserer Partei in Bayern.

Mein erster Ortsverein hat also in meinem politischen Leben durchaus eine Rolle gespielt. Er vermittelte mir Kontakte zu sozialen Gruppen, die ich bis dahin nicht aus der Nähe kannte, lehrte mich, ihre Lebensverhältnisse und ihre Denkweise besser zu verstehen und brachte mich dazu, mich unmittelbar an Ort und Stelle einzubringen. Wichtig waren auch die persönlichen Begegnungen, die heute im Laufe der digitalen Entwicklung mehr und mehr durch Internetkontakte ersetzt werden. Sie sind aber unverzichtbar. Schon deshalb braucht es auch in Zukunft Ortsvereine.

Dr. Hans-Jochen Vogel war SPD-Vorsitzender und Vorsitzender der SPD-Bundestagsfraktion und wurde ein Jahr nach seinem Eintritt in die SPD Vorsitzender der Sektion Freimann in München.

Heidemarie Wieczorek-Zeul

Frau muss die Herausforderungen beim Schopf fassen ...

Ich bin 1965 in die SPD eingetreten – nach der verlorenen Bundestagswahl im Herbst des Jahres. Nach der Spiegelaffäre und den Plänen zur Notstandsgesetzgebung war ich der Meinung, müsste es nun ein klares Ergebnis für die SPD geben. Aber weit gefehlt, leider. Da beschloss ich: Jetzt musst du SPD-Mitglied werden und selbst zur Veränderung beitragen!

Im Umfeld des Ortsvereins Seckbach im Unterbezirk Frankfurt/ Main war mir kein Sozialdemokrat bekannt, also rief ich beim Unterbezirk Frankfurt an und bat darum, mir einen Mitgliedsantrag zuzusenden. Aber statt des Mitgliedsantrags erschien nach einigen Wochen, in denen ich schon dachte, man wolle mich gar nicht, der Kassenwart des Ortsvereins Seckbach bei mir: Wer mich denn geworben habe? Na, sagte ich, ich will selbst Mitglied werden, niemand hat mich geworben. Gesagt, getan.

Da ich nach meinem Abschluss an der Uni Frankfurt als Lehrerin in Rüsselsheim tätig wurde, zog ich im selben Jahr um. Hilfe und Unterstützung im Ortsverein Rüsselsheim erhielt ich durch meinen Lehramtsstudienkollegen Walter Kopf, der in Rüsselsheim an der gleichen Schule unterrichtete wie ich. Er nahm mich auch mit zur ersten Jahreshauptversammlung des Ortsvereins, an der ich je teilnahm. Und er war auch ein Juso-Aktivist, der die Juso-Arbeitsgemeinschaft Rüsselsheim leitete.

„Na, da kommt ja unser Nachwuchs", empfing mich bei der ersten Ortsvereinsversammlung der Fraktionsvorsitzende im Rüsselsheimer Rathaus. „Wir brauchen neue Stadtverordnete bei der nächsten Kommunalwahl."

Fairerweise muss ich sagen, dass sich die politischen Diskussionen vor allem in unserem Juso-Keller abspielten, weniger im Ortsverein, der sich in seiner Arbeit stark auf die kommunale Situation mit einer absoluten SPD-Mehrheit bezog.

Und wir Jusos trugen dann auch die heftigsten politischen Diskussionen in die Veranstaltungen des Ortsvereins. Das begann mit der Diskussion über die Große Koalition, die 1966 eingegangen wurde und die ich furchtbar fand, das setzte sich mit den Plänen zur Notstandsgesetzgebung und der Rolle unseres örtlichen Bundestagsabgeordneten fort. Das bedeutete aber auch, die herkömmliche Kommunalpolitik neu zu denken, ganz im Sinne des Juso-Bundesvorstandes, der fragte, „Kommunalpolitik für wen?".

Nach dem Tod Benno Ohnesorgs 1967 eröffneten wir eine umfassende Debatte, die die Anliegen der aufbegehrenden Jugend in Deutschland und anderswo in die SPD trugen.

Und man kann sagen, dass wir mit unserer Arbeit, die ja auch bald in der Bundespolitik ihre Auswirkungen hatte, dazu beitrugen, eine ganze Generation von Jugendlichen, die demokratische Veränderungen in Deutschland wollte, in die SPD zu integrieren. Etwas, was sich ja auch der neue Bundeskanzler Willy Brandt seit 1969 zu seinem Ziel setzte.

Ich kann jedenfalls sagen: Mein Professor für Politische Bildung an der Uni Frankfurt, Professor Ellwein, hatte Recht, als er uns Studierende aufforderte, in Parteien zu gehen: Sie werden sehen, sie können mehr bewirken, als Sie glauben. Aber man darf sich natürlich auch nicht scheuen, Kontroversen auszutragen!

Vieles hat sich gesellschaftlich in den Jahrzehnten geändert. Vielleicht am deutlichsten bezogen auf die Situation von Frauen in der Politik. Als ich in die SPD eintrat, gab es, soweit ich mich erinnern kann, außer mir nur noch eine Frau, die ASF-Vorsitzende. Und folgende köstliche Erfahrung zeigt, dass auch die Jusos noch lange eine „Männerpartei" waren:

Als ich neu in Rüsselsheim war, überredete mein Kollege Walter Kopf mich: „Geh doch mal mit zur Juso-Unterbezirkskonferenz." Das tat ich, wollte aber eigentlich nur erst mal reinschnuppern. Als es an die Vorstandswahlen und die Wahl des Schriftführers ging, rief plötzlich der Juso-UB-Vorsitzende: Da hinten sitzt doch eine Genossin, die kann doch sicher schreiben!

Ich rang nach Luft und musste mich blitzschnell entscheiden, ihn entweder mit Missachtung angesichts seines Sexismus zu strafen oder die Herausforderung anzunehmen. Ich entschied mich für Letzteres, und bei der nächsten Juso-UB-Konferenz löste ich ihn als Vorsitzenden ab und wurde selbst Vorsitzende.

Man sieht, welch ein Wandel! Heute sind viele Vorstände nur noch durch die Frauen funktionsfähig. Man sieht aber auch: Frau muss die Herausforderungen beim Schopf fassen. Dann klappt es auch!

Heidemarie Wieczorek-Zeul war Juso-Bundesvorsitzende, Bundestagsabgeordnete und Bundesministerin. Sie war stellvertretende Vorsitzende der SPD und ist Vorsitzende des Kuratoriums des Wilhelm-Dröscher-Preises. Sie besuchte zum ersten Mal in Rüsselsheim eine Ortsvereinsversammlung.

Werner Wobbe

Die „Neue Heimat"

Der SPD-Ortsverein Brüssel hat es meiner Frau Ingrid und mir er-
möglicht, eine neue Heimat im Ausland zu finden, im Sinne einer
Einstiegserleichterung in unbekanntes Terrain. Dieser Auslands-
ortsverein bot und bietet politische und soziale Orientierung, Be-
kanntschaften und Freundschaften, ein lebendiges Sozialgefüge zur
Integration in eine Stadt, in der wir nun seit dreißig Jahren leben.
Eine solche soziale Verankerung hat es zwar in allen meinen Lebens-
stationen über die Partei gegeben, aber an keinem Ort ist die Vernetzung so wichtig wie hier im Ausland, damit man sich in einem äu-
ßerst fremden kulturellen und politischen Umfeld zurechtfinden
kann.

Meine Parteigeschichte begann mit einer „Nötigung". Ich war Ju-
gend-Vertrauensmann der IG Metall im Volkswagenwerk Wolfsburg. Nach einer Sitzung der Vertrauensleute saßen wir im Büro des
Jugendvertreters. Die SPD hatte eine neue Institution des zweiten
Bildungsweges, das Wolfsburg-Kolleg, eingerichtet und der erste
Jahrgang sollte aufgenommen werden. Zwei Freunde drängten mich,
nach Abschluss der Werkzeugmacherprüfung die Aufnahmeprüfung
für das Kolleg zu versuchen. Wenn ich diese bestehen würde, dann
müsse ich auch in die SPD eintreten – aus Solidarität, wie es hieß.
Außerdem würden am Kolleg vierhundert Mark Bafög gezahlt –
mehr als das damalige Lehrlingsentgelt. Diesen Argumenten war
nur schwer zu widersprechen und so geschah es dann.

Erst Jahre nach meinem formalen Eintritt kam es zu einem lebendigen Parteikontakt an meinem Wohnsitz bei den Eltern in Bodenteich
in der Lüneburger Heide. Auf Nachfrage brachte der Kassierer des

Ortsvereins ein Parteibuch sowie die damaligen grünen Mitglieds-marken für Schüler und Studenten, als auch die herrlichen, kostspie-ligeren Sonderbeitragsmarken. Der Kassierer war ein Rentner, der sich bei uns zu Hause vorstellte, etwas verunsichert, weil er sich bewusst war, dass meine Eltern eher konservativ wählten – man kennt sich ja in überschaubaren Ortschaften. Der Kontakt wurde zunehmend vertrauter und das Ritual erneuerte sich vierteljährlich. Er blieb eine Stunde zum Dorftratsch, lehnte kein Bier ab und wurde Teil des Soziallebens der Familie. Die zwanzig Personen des Ortsver-eins waren nicht die Honoratioren des Ortes. Immerhin waren ein Junglehrer SPD-Mitglied sowie ein Verwaltungsangestellter und ein Polizist. Ansonsten waren wir eher „Randfiguren des Ortes": Mit-glieder kamen aus der Flüchtlingssiedlung oder waren Landarbeiter, und der Ortsverein hatte Probleme, Kandidaten für die Ortsratswah-len zu finden. Mir aber ermöglichte dieser Kontakt, den Ort und die Einwohner nun mit anderen Augen zu sehen. Respektspersonen, wie die Hotel- und Gaststättenbesitzer, der Mostfabrikant, die Großbau-ern oder der Rektor der Schule waren nun politische Gegner, wäh-rend die zuerst noch fremde Solidarität mit den unbekannten Genos-sen eine neue Verbundenheit mit dem Orte mit bisher unbekannten Aspekten brachte.

Als Student der Sozialwissenschaften in Hannover schlug ich immer für lange Wochenenden auf, um dann eine Juso Gruppe zu gründen, die Landjugend zu verunsichern und die Honoratioren zu provozie-ren. Mein Interesse lag aber weniger in der Kommunalpolitik. Als IG Metall-Vertrauensmann, als Kolleg-Vertreter, ASTA-Vorsitzender der TU Hannover, Mitbegründer der Juso-Hochschulgruppe, schließ-lich Juso-Bezirksvorsitzender Hannover verlagerte sich mein Partei-leben in städtische und überregionale Gefilde.

Der Ortsverein ist neben dem politischen Sozialleben auch ein schätzenswerter Partnermarkt. Bereits im Juso-Milieu hatte ich meine erste Frau kennengelernt. Nun fügte es der Zufall, dass mich nach der Trennung, auf den Göttinger Unterbezirkskonferenzen eine attraktive Juso-Aktivistin in ihren Bann zog. Als es mich nach Brüssel verschlug, folgte sie nicht nur mir, sondern dem Versprechen, dass es auch dort einen SPD-Ortsverein gebe.

Mein bisher letzter Ortsverein, Brüssel, mit dem ich über zwei Jahrzehnte durch eine intensive Vorstandsarbeit verbunden bin, ist sicher ein Unikum[1], da er wenig mit Kommunalpolitik zu tun hat. Ansonsten sind seine Aktivitäten ähnlich dem eines Ortsvereins in Deutschland: Versammlungen abhalten – in eigener Vereinsangelegenheit oder zum Zweck öffentlicher Diskussion –, politische Willensbildung betreiben durch Diskussion, Abstimmungen und Anträge an höhere Gliederungen der Partei sowie Delegierte stellen – in diesem Fall im Unterbezirk Aachen oder auch im Landesbezirk NRW. Wenn Kommunalpolitik im Spiele ist – und Ausländer dürfen schließlich kommunal wählen –, dann werden die belgischen Schwesterparteien im Wahlkampf unterstützt.

Der OV Brüssel hat ca. 250 Mitglieder, hält monatliche zentrale Veranstaltungen ab und zusätzlich etliche in kleinen Arbeitskreisen oder trifft sich mit ausländischen Schwesterparteien. Seit einem Jahrzehnt existiert sogar eine dreißigköpfige Juso-Gruppe und auch die Frauen formieren sich wieder. Rund ein Drittel der Mitglieder arbeitet in den europäischen Institutionen, ein weiteres Drittel in Verbänden, Gewerkschaften, Firmenvertretungen oder NGOs, und

---

[1] Die Festschriften zum 15- und 25-jährigen Bestehen des SPD-Ortsvereins Brüssel geben einen hervorragenden Einblick in die vielfältigen Aktivitäten dieses OV. (http://www.spd-bruessel.de/spd-bruessel-ortsverein/25-jahre-spd-ortsverein-bruessel.html).

das restliche Drittel sind Rentner oder Familienmitglieder. Das inhaltliche Hauptinteresse des Ortsvereins gilt zwar europapolitischen Problematiken und Fragen, aber die Mitglieder lassen es sich nicht nehmen, alle parteirelevanten Fragen zu diskutieren.

Eine besondere Stärke des Ortsvereins ist die Vernetzung. Sie führt einerseits in die europäischen Institutionen, zu den EU Parlamentariern, in die Europäische Kommission, zu den ausländischen Schwesterparteien vor Ort und letztlich zu den deutschen Vertretungen und Institutionen in Brüssel. Der Ortsverein ist eine der deutschen Inseln in Brüssel. Um Heimat für seine Mitglieder zu sein, kümmert er sich mit einem jährlich ausgerichteten politischen Kabarettabend um die deutschsprachige Kultur (fünfhundert zahlende Gäste). Der Neujahrsempfang, das Sommerfest – oft gemeinsam mit der Sozialdemokratischen Partei Österreichs ausgerichtet – sowie die „Socials" zur Sommer- und zur Winterpause pflegen die persönlichen Beziehungen und dienen dem gegenseitigen Kennenlernen. Bei den „Socials" öffnet ein Mitglied seine Wohnung oder sein Haus für die Mitglieder und Freunde zum ungezwungen Polit- oder persönlichem Plausch. Es ist eine gute Gelegenheit, sich näher kennenzulernen, denn anders als im deutschen Ortsverein ist die Fluktuation hoch. In Brüssel wechseln Vertretungen, Verbände und Regionalregierungen ihr Personal im Drei- oder Fünfjahresrhythmus, sodass sich Mitglieder oft nur für relativ kurze Zeit in Brüssel aufhalten. Umso mehr versucht der Ortsverein seine Kontaktangebote auszubauen.

Mit dem Ortsverein haben sich neue Welten aufgetan: Ich habe durch ihn nicht nur Menschen kennen-, sondern sie gelegentlich auch neu sehen gelernt. Ich habe durch ihn neue Freundschaften geschlossen und vor allem aber meine Frau kennengelernt. Ein Ortsverein trägt sicher zur politischen Bildung und demokratischen Kultur bei durch Informationsveranstaltungen und Kontakte zu Mandatsträgern. Er erlaubt somit Einsichten in Gestaltungsräume von Politik. Für mich aber ist die politische Integration für den Ortswechsler – die neue Heimat – die größte Leistung des Ortsvereins.

Dr. Werner Wobbe arbeitete viele Jahre in der Europäischen Kommission und gelangte nach den Ortsvereinen Wolfsburg, Bodenteich, Rosdorf und Göttingen-Ost in den Ortsverein Brüssel, Belgien.

Ein Streifzug durch die Geschichte des Ortsvereins

Karsten Rudolph

„Nach oben geht's zur Basis!"

Der Verein war die Wiege der deutschen Arbeiterbewegung und der Sozialdemokratie. Beide gingen aus einer „radikaldemokratischen Volksbewegung" hervor, die sich in der Revolution von 1848/49 als „politische Vereinsbewegung" organisiert hatte.[1] Diese radikale Bewegung stellte weit mehr als ein bloßes Anhängsel der bürgerlichen Honoratiorenpolitik dar, die auf eine Verfassungsgebung und Parlamentarisierung abzielte – als selbstständige Vereinsbewegung formulierte sie eigene politische Positionen und Forderungen. Sie reichten von der Errichtung einer parlamentarisch-demokratischen Republik bis hin zu staatlich geförderten Produktionsgenossenschaften.

Die Arbeiter- und Volksvereine der Revolution besaßen ihre Vorbilder in den Auslandsvereinen der wandernden Handwerksgesellen und deren Netz aus Kranken-, Hilfs- und Sterbekassen. Die Handwerker sammelten sich in einem deutschen Netzwerk, das sich *Allgemeine Arbeiterverbrüderung* nannte. Nicht Geheimbünde oder betriebliche Zusammenschlüsse, nicht Ein-Punkt-Bewegungen oder Berufsverbände bildeten den organisatorischen und politischen Kern der frühen Arbeiterbewegung, sondern der Verein.

---

[1] Siehe Thomas Welskopp: Das Banner der Brüderlichkeit. Die deutsche Sozialdemokratie vom Vormärz bis zum Sozialistengesetz, Bonn 2000, S. 742.

Wen traf man in einem solchen Verein? In der Regel bestand er aus Gesellen und kleinen Meistern der überfüllten Handwerke, aus Gewerbetreibenden und Volksschullehrern, aus Technikern des Staatsbaudienstes oder Werkführern in Manufakturen. „Arbeiter" meinte also die produktiv Tätigen des Volkes, die „Produzentenbürger" (Thomas Welskopp), die in ihren Vereinen um die großen politischen Themen ebenso rangen wie um praktische soziale Fragen oder lokale Angelegenheiten. Der nach Adel, Kirche und Bürgertum „Vierte Stand" (so der Vorsitzende der Verbrüderung, der Buchdrucker Stephan Born) hatte seinen Ort gefunden.

Der Verein etablierte sich bald als Gegenpol zum Obrigkeitsstaat und zur industriekapitalistischen Arbeitswelt. Er stellte eine Art vorgezogener Realisierung staatsbürgerlicher Gleichstellung und demokratischer Mitwirkung dar und bildete ein Scharnier zwischen Öffentlichkeit und Protestbewegung, Politik und Selbsthilfe, individueller Selbstbestimmung und demokratischer Gemeinschaft. Die entscheidende Schnittstelle zwischen diesem Innen und dem Außen war die Versammlung. Insoweit repräsentierte die Vereinsbewegung eine netzwerkartig angelegte, moderne Form der Versammlungsdemokratie. Gleichzeitig waren in ihr Elemente der repräsentativen Demokratie angelegt: Es wurden Vorstände bestimmt, Vertreter für bestimmte Angelegenheiten benannt und Vertreter für die überörtlichen Vereinstage gewählt.

Organisation, Assoziation und Agitation waren die Lebenselemente der Vereine, die die Phase der Restauration überdauerten und sich schließlich – als das Koalitionsverbot für Arbeiter aufgehoben wurde – im *Allgemeinen Deutschen Arbeiterverein* der lassalleschen Richtung und der Sozialdemokratischen Arbeiterpartei der bebel-liebknechtschen Richtung neu konstituierten. Nun wurden die Vereine zur Basis und zum Grundgerüst einer Partei. Sie warben und banden die Mitglieder, führten politische Kampagnen und organisierten Wahlkämpfe. Schon bald wurden die von Lassalle angelegten autoritären Strukturen überwunden; parlamentarische Umgangsformen kehrten in die Parteiorganisation ein. Der Ortsverein wurde zum Parlament des ‚kleinen Mannes'.

In den städtischen, gewerblichen und evangelischen Regionen des deutschen Kaiserreichs entstand eine bunte Vereinswelt, die ihre Mitglieder von der Wiege bis zur Bahre begleitete und in die immer mehr Industriearbeiter strömten. Diese Welt stand in Opposition zu den herrschenden politischen Strukturen und Institutionen, doch sie war ebenso ein Teil der Wirklichkeit der wilhelminischen Gesellschaft.

Die Sozialistengesetze zwischen 1878 und 1890 konnten den Vereinssozialismus nicht zerstören. Sie untersagten zwar die Bildung sozialdemokratischer Organisationen und erneuerten das Verbindungsverbot. Doch so „gemeingefährlich" die Bestrebungen der Sozialdemokratie in den Augen des Obrigkeitsstaates auch waren: Bismarck und seine nationalliberalen Bündnispartner ließen die sozialdemokratischen Parlamentsfraktionen bestehen und erlaubten Wahlvereine, solange sie nicht miteinander in Kontakt traten. Deswegen verschwand ein Teil der Vereinsbewegung im Untergrund, ein anderer Teil gab sich als unpolitisch aus. So etablierten sich zwei Züge: Einerseits lokale, geheime Vereine, die *Interne* (= interne Organisation), die über ein ausgeklügeltes, verdecktes System von Vertrauensmännern Kontakte miteinander und zur Reichstagsfraktion hielten, andererseits legale Tarnvereine, die sich scheinbar dem gemeinsamen Lesen und Diskutieren, dem Singen und Kegeln oder dem Pfeifenrauchen widmeten. Sie nannten sich *Verein der lustigen Brüder* oder bezeichneten sich einfach nur als *Bürger-* oder *Volksverein*. Die Innere Organisation sammelte im Verborgenen

Unterstützungsgelder, vertrieb Agitationsmaterial und betreute Aktivistinnen (Frauen war bis 1908 die Betätigung in politischen Vereinen untersagt); die Äußere Organisation sorgte für den darüber hinausgehenden Zusammenhalt und verwandelte sich in lokale Wahlkomitees, wenn Reichstagswahlen bevorstanden. In Erwartung einer baldigen neuen Unterdrückungswelle blieben die *Internen* in zahlreichen Regionen auch nach dem Fall des Sozialistengesetzes 1890 bestehen und behaupteten sich als lokale Führungszirkel, die den Augen der die Vereinsversammlungen überwachenden Polizisten verborgen blieben. Sie entzogen sich allerdings auch dem Zugriff des Parteivorstandes oder der Reichstagsfraktion, da sie als unverzichtbarer eigenständiger Teil der Parteiorganisation wirken konnten.

Aufstieg und Wachstum des Vereinssozialismus

Die trotz der staatlichen Repressionen weitgehend intakt gebliebene Vereinsstruktur sorgte bereits unter dem Sozialistengesetz für einen kometenhaften Aufstieg der SPD zur Massenorganisation. Es war dieser Vereinsstruktur zu verdanken, dass die Partei neue Mitglieder nicht nur vorübergehend aufnahm, sondern auf Dauer band, indem sie ihnen vielfältige Betätigungsfelder und einen lebensweltlichen Rückhalt bot. Im sogenannten *Roten Königreich*, in Sachsen, wo die Vereinsstruktur am dichtesten war, die Mitgliederzahl nach der Jahrhundertwende die 150.000-Marke überschritt, wo die Wahlerfolge am größten ausfielen und prachtvolle Parteihäuser das sozialdemokratische Milieu gleichsam in Stein meißelten, schien der große politische Durchbruch der SPD nur noch eine Frage der Zeit zu sein.

Aber auch hier zeigte sich die bemerkenswerte Ambivalenz des Vereinssozialismus, der eine revolutionäre Gesinnung aber keine revolutionären Taten goutierte. Etwas erstaunt vermerkte der aus Mähren stammende sozialdemokratische Journalist Friedrich Stampfer, nachdem er in die Welt der mitteldeutschen Ortsvereine eingetaucht war: „Die Funktionäre machten den Eindruck geruhsamer Kleinbürger; niemand hätte diesen netten, friedlichen Leuten die Teilnahme auch nur an einer Straßendemonstration zugetraut, geschweige denn an einer wirklichen Revolution." Tatsächlich glaubten die meisten Aktiven an ein naturwüchsiges Hineinwachsen der Bewegung in eine freie, sozialistische Gesellschaft. Bezeichnend dafür war, dass die Leipziger SPD wegen ihres Konsumvereins in Leipzig-Plagwitz mit seiner mechanischen Bäckerei und Fleischerei „eine Art Weltruhm"[2] genoss, aber nicht wegen ihres revolutionären Eifers.

Die sozialdemokratische Vereinsbewegung sog zusammen mit den Industriearbeitern auch die marxistische Lehre auf, jedenfalls in der von Friedrich Engels und Karl Kautsky dargebotenen Form. Sie konnte sich als revolutionär empfinden ohne revolutionär zu handeln, weil sie sich sicher war, dass der Kapitalismus an seinen eigenen Widersprüchen zugrunde gehen würde. Nach dem großen *Kladderadatsch*, den der Parteiführer August Bebel beschwor, würde sie dann der politische Nutznießer einer Entwicklung sein, die gleichsam automatisch auf den Sozialismus zulaufe.

Am Vorabend des Ersten Weltkriegs waren die Ortsvereine der SPD zur Basisorganisation einer Massenbewegung der Industriearbeiter geworden. Für diese neuen Mitglieder, die die SPD erobert hatten, galt das Gleiche wie für die Mitglieder der frühen Arbeitervereine: sie suchten nach Anerkennung, gesellschaftspolitischer Betätigung und nach Solidarität; aber natürlich ebenso nach Abwechslung, Ge-

---

[2] Friedrich Stampfer: Erfahrungen und Erkenntnisse. Aufzeichnungen aus meinem Leben, Köln 1957, S. 42.

selligkeit und Freundschaften. Von hartgesottenen Funktionären und Mandatsträgern wurde eine solche Einstellung nicht gern gesehen. So häuften sich deren Klagen über die Entpolitisierung des Parteilebens in einer Zeit des gewaltigen Wachstums der sozialdemokratischen Vereinsbewegung.

Zerreißproben

Der Erste Weltkrieg leerte die Ortsvereine und zerrüttete eine wohl geordnete politische Lebenswelt. Es begann eine Zeit, die uns der Journalist und Historiker Philipp Blom als „zerrissene Jahre" oder, wie der englischsprachige Originaltitel seines Werkes lautet, als "The wars within" vorgestellt hat. Bereits nach einem Jahr Krieg waren 40 Prozent der SPD-Mitglieder zum Militär eingezogen worden. Die Zustimmung der Reichstagsfraktion zu den Kriegskrediten und die Kooperation mit der Regierung ersparte der Partei eine neuerliche Verfolgungswelle und sorgte für den Erhalt der mühsam und unter Opfern aufgebauten Organisation. Unter dem Sozialistengesetz waren Wahlen abgehalten, aber die politische Organisation verboten worden; im Krieg wurde die Wahl der Parlamente suspendiert, aber die politische Organisation blieb – bei stärkerer polizeilicher Überwachung und Zensur – bestehen. Da öffentliche Versammlungen in der Regel verboten waren und sich Wahlkampagnen auf einzelne Nachwahlen beschränkten, verlagerte sich die sozialdemokratische Politik noch stärker in die Reichstagsfraktion und in die Hinterzimmer der Parteigremien. Hier wurde ebenso wie in den sozialdemokratischen Zeitungsredaktionen mit zunehmender Verbitterung über die weitere Haltung zu einem Krieg gestritten, der als Verteidigungskrieg dargestellt worden war, sich aber als Eroberungskrieg entpuppte. Weder die Mehrheitssozialdemokratie noch die Unabhängige Sozialdemokratische Partei – wie sich die beiden Parteien nach der Spaltung bezeichneten – bestimmten jedoch das Gesetz des politischen Handelns. Die Reichsleitung verweigerte trotz sozialdemokratischen Drängens und entgegen mancher Erwartungen durchgehende politische Reformen. Außerparlamentarische Protestbewegungen gegen den Krieg entstanden nun neben den ausgezehrten sozialdemokratischen Parteiorganisationen; sie ließen sich von ihnen weder kanalisieren noch steuern. Im Laufe des Krieges hatten die Ortsvereine ihre politische Kampagnenfähigkeit eingebüßt; sie waren personell sowie finanziell ausgeblutet und nicht mehr imstande, neue, regimekritische Kräfte an sich zu binden. Dies belegte etwa der große Januarstreik von 1918, der von radikalisierten Vertrauensmännern aus den großen Betrieben heraus organisiert wurde, um die allgemeine Sehnsucht nach Frieden, Freiheit und nach einer Verbesserung der Ernährungslage in politische Protestaktionen umzumünzen. Und es zeigte sich in der Revolution 1918, als für einige Monate Arbeiter- und Soldatenräte (aber auch Matrosen-, Lehrer, Künstlerräte etc.) die Tradition der radikaldemokratischen Vereinsbewegung aufgriffen und die sozialdemokratischen Vereine zu Statisten degradierten. Die Räte gerierten sich jedoch mitnichten als revolutionäre Aktionsausschüsse, die gewaltsam ein Rätesystem an die Stelle der parlamentarischen Demokratie setzen wollten. Sie fungierten vielmehr als außerparlamentarische Legitimationsquelle für ‚revolutionäres‘ Regierungshandeln, als Kontrollinstanz überkommener Verwaltungsinstitutionen oder Korrektiv bürokratischer Entscheidungen; vielfach traten sie als Ordnungsfaktor auf, der die öffentliche Sicherheit oder geregelte Betriebsabläufe in den Unternehmen garantierte. Nicht zuletzt aber überbrückten die Räte die politischen Spaltungen in der deutschen Arbeiterbewegung.

Der klassische Versammlungsort der deutschen Arbeiterbewegung, der Ortsverein, rückte dabei zu einem Zeitpunkt in den Hintergrund, an dem er zum ersten Mal in seiner Geschichte vollen politischen

Bewegungsraum erhielt und sich seine Mitglieder endlich frei betätigen konnten: die Meinungs-, Vereinigungs- und Versammlungsfreiheit wurden garantiert, und die Polizisten verschwanden aus den Vereinslokalen. Dass das sozialdemokratische Vereinsmilieu dann doch noch einen beachtlichen Aufschwung nahm, lag einerseits am Abflauen der Rätebewegung, andererseits am Zustrom zahlreicher neuer Mitglieder, die aber nicht immer mit offenen Armen in den durch den Krieg gelichteten Reihen empfangen wurden. Viele Neumitglieder galten den ‚alten' Genossen als ‚Novembersozialisten', als politische Opportunisten, die sich nunmehr gefahrlos und mit der Aussicht auf eine politisch geförderte Karriere bei den Sozialdemokraten meldeten.

Nach dem Niedergang der Rätebewegung kam eine neue, unbekannte Herausforderung auf den sozialdemokratischen Ortsverein zu: Er erhielt handfeste Konkurrenz im bis dato eigenen sozialistischen Milieu. Zwar kam es bereits 1922 zur Wiedervereinigung der beiden sozialdemokratischen Parteien; durch die Entwicklung der KPD zu einer Massenpartei mit eigenen politischen, gewerkschaftlichen und kulturellen Organisationen und der schrittweisen Etablierung einer kommunistischen Parallelwelt zum sozialdemokratischen Vereinswesen entstand jedoch eine erbitterte Gegnerschaft. Sie trieb die Anstrengungen zum Ausbau von Orts-, Kultur-, Sport- und Hilfsvereinen noch einmal an. Die Öffnung der Partei, die sich nunmehr als republikanische Staatspartei verstand, zu anderen Milieus und Schichten musste darunter notwendigerweise leiden. Diese Einigelung der Partei war ein direkter Ausfluss der Sorge, dass ihr von kommunistischer Seite das Monopol auf die Vertretung industrieproletarischer Klasseninteressen erfolgreich streitig gemacht werden konnte. Und eine solche Sorge war angesichts des Wachstums der KPD nicht unberechtigt. Trotz dieses Dilemmas gewann die SPD seit Mitte der 1920er Jahre insgesamt wieder an Zuspruch. 1926 sammelten sich in 8.230 Ortsvereinen über 800.000 Mitglieder, 1931 wurde die Millionengrenze durch über 108.754 Neuaufnahmen in einem Jahr überschritten. Auch die Zahl der Ortsvereine hatte zugenommen. Sie lag nun mit 9.864 nur noch knapp unter der 10.000er Grenze. In Wahlerfolge ließen sich die Erfolge in der Mitgliedergewinnung und Organisation jedoch nicht ohne weiteres übersetzen.

Die bolschewistischen KPD-Ortsgruppen hatten mit der Tradition einer freien, sozialistischen Vereinsbewegung nichts gemein. Berichtspflichten nach oben und ideologische Leitlinien für ‚unten‘, Finanzierung von Aktivitäten und Personalauswahl von oben widersprachen dem in den SPD-Ortsvereinen gepflegten Politik- und Organisationsverständnis fundamental. Im Zuge der Stalinisierung der KPD fixierte sich deren von Moskau aus angeleitete Führung auf die Bildung von Betriebs- und Straßenzellen. Das Wohnortprinzip, das in der deutschen Arbeiterbewegung von Anfang an galt, wurde hierbei aufgegeben. Ihre spezifische Anziehungskraft bezog diese kommunistische Erlebniswelt aus dem Mythos der Weltrevolution und der Realität Sowjetrusslands, aus einem schier unerschütterlichen Avantgardeverständnis und einer permanenten Kampagnenpolitik, die die Aktiven kaum Atem holen ließ und sämtliche Formen innerparteilicher Demokratie erstickte.

Die zunehmende Militanz in der politischen Auseinandersetzung, die auf den Flügeln des politischen Spektrums im Auf- und Ausbau so genannter Kampfbünde wie dem Stahlhelm, der SA oder dem Rotfrontkämpferbund mündete, sorgten in der sozialdemokratischen Vereinswelt, die auf Aussprache und Argumente, das Mehrheitsprinzip und auf die Kraft der Überzeugung setzte, für wachsende Ratlosigkeit. Sozialdemokraten, freie Gewerkschafter, Zentrumspolitiker und Linksliberale reagierten darauf mit der Gründung und Unterstützung des *Reichsbanners Schwarz-Rot-Gold*, das die Straßen und Plätze der demokratischen Republik nicht ihren gewaltbereiten Feinden überlassen sollte. Weit entfernt von einer paramilitärischen Organisation bestand es aus einer als eingetragenem Verein organisierten politischen Führung mit einem hierarchisch-militärisch aufgebauten Strang aus Gruppen, Zügen und Kameradschaften. Das Reichsbanner kannte beides: die Ortsgruppenversammlung und den Aufmarsch. Und doch gelangte es über den Charakter einer politischen Notgemeinschaft nie hinaus, die eher gezwungenermaßen die Aktions- und Erscheinungsformen der Republikfeinde adaptierte und unter anderen, besseren Umständen allenfalls die Form eines lebendigen, gesinnungsfreudigen Veteranenvereinstreffens angenommen hätte. Die freie Vereinsbewegung der sozialen Demokraten jedenfalls ließ sich nicht wirklich in Uniformen mit Rangabzeichen und in pseudo-militärische Rituale zwängen.

Der mit dem Zerfall des kapitalistischen Weltwirtschaftssystems einhergehende Übergang zur Austeritätspolitik, die Abwanderung bürgerlicher Wähler nach rechts und die Entscheidung weiter Teile der Funktionseliten für einen autoritären Staat trieben die Sozialdemokratie zusätzlich in die Defensive und begünstigten den Aufstieg der NS-Bewegung. Die Einstellung eigener politischer Initiativen zugunsten der Tolerierung des unbeliebten Reichskanzlers Brüning lähmte die sozialdemokratischen Kräfte und führte zu einer Erstarrung des Parteilebens. Der Staatsstreich von Papens gegen Preußen am 20. Juli 1932 zerstörte sodann das letzte große Bollwerk der Weimarer Republik und machte die sozialdemokratische Bewegung zum Zuschauer der politischen Ereignisse. Nach der Machtübertragung auf Hitler setzten große Teile der Partei auf eine Strategie des Überwinterns, in der Hoffnung, das neue Regime würde sich von alleine abwirtschaften. Offener Widerstand gegen die Diktatur fand kaum Rückhalt in der Bevölkerung und endete für die couragierten Widersacher nicht selten tödlich. Das nationalsozialistische Regime verhängte indes kein neues Sozialistengesetz (wie viele gedacht hatten), sondern verbot die Partei komplett, schaffte alle demokratischen Wahlen ab und zerstörte das sozialdemokratische Vereinssystem. Die SPD existierte nicht mehr.

Die Gesinnungsgenossen suchten die Solidargemeinschaft informell wach zu halten, hielten untereinander Kontakt und übten Solidarität; die Aktivisten in den auf den Widerstand unter einem terroristischen System besser eingestellten sozialistischen Kleingruppen behaupteten ihren Widerstandswillen in kleinen Zellen bis über die Mitte der 1930er Jahre. Die prominenten und deswegen besonders gefährdeten Funktionäre der Partei flohen entweder ins Ausland oder wurden umgebracht, inhaftiert oder mussten fortan unter polizeilicher Aufsicht leben.

Dennoch fanden sich in den Widerstandsgruppen – auch in denen des 20. Juli – immer wieder Sozialdemokraten. Aber an eine breite Widerstandsbewegung, die auf einem Netz illegaler Vereine beruhte, war nicht zu denken. Es wäre von den Sicherheitskräften des NS-Staates sogleich aufgerollt worden.

Neubeginn

Die Wiedergründung der SPD 1945 knüpfte an die demokratische Traditionen des sozialdemokratischen Vereinswesens an: Versteckte Parteibücher wurden hervorgeholt, das Protokollbuch ausgegraben, die Fahne aus dem Versteck geholt, alte und neue Mitglieder zur Versammlung eingeladen. Überall machte sich ein ungebrochener Organisationspatriotismus breit, der insoweit mit einer politischen Neuausrichtung einherging, als dass die breite Mitte der Partei sich ideologisch nicht mehr einseitig vereinnahmen ließ. Mehr denn je galten die Werte der Freiheit, Demokratie und Solidarität – weniger denn je zählten Heilsversprechen, die mit einem naiven

Fortschrittsoptimismus unterlegt waren. Dafür wogen die Niederlage im Kampf um die Weimarer Republik, die Erfahrungen des Faschismus, des Stalinismus und des Vernichtungskrieges zu sehr. Das Netz der sozialdemokratischen Ortsvereine dehnte sich nun in zwei weitere Richtungen aus: Zum einen gründeten sozialdemokratische Flüchtlinge in den ländlichen Hochburgen des Katholizismus Ortsvereine, die sie bereits aus ihrer ostpreußischen, schlesischen oder mitteldeutschen Heimat kannten. Zum anderen wirkte in den großindustriellen Ballungsgebieten die Einheitsgewerkschaft wie ein politischer Durchlauferhitzer für eine Mitgliedschaft in der SPD. Vor allem im Ruhrgebiet gründeten gewerkschaftlich orientierte Betriebsräte, Vertrauensleute und aktive Teile der Belegschaften der Montanindustrie ‚ihre' sozialdemokratischen Ortsvereine und bestimmten über sie die Politik entscheidend mit. Allerdings kam es nicht zu einem Revival der sozialdemokratischen Vereins- und Lebenswelt der 1920er Jahre. Zwar wurden wieder einige Vorfeldorganisationen ins Leben gerufen und Genossenschaften gegründet, doch die Sozialdemokratinnen und Sozialdemokraten richteten sich nicht länger in einer eigenen Welt ein. Vielleicht erschien dies auch nicht länger notwendig; denn bereits zwei Jahre nach dem Krieg hatten über 700.000 Menschen den Weg zur SPD gefunden und über die Demokratie wachten nicht zuletzt die westlichen Besatzungsmächte.

In der Sowjetischen Besatzungszone dagegen hatte die sozialdemokratische Partei gegenüber der von den Machthabern massiv unterstützten KPD von vornherein keine Chance. Die Zwangsvereinigung zur SED war mehr als der gewaltsame Zusammenschluss von Sozialdemokraten mit Moskau treu ergebenen Kommunisten und etlichen Mitläufern. Indem die Kommunisten die sozialdemokratische Vereinswelt usurpierten und der Logik des Marxismus-Leninismus unterwarfen, sollten sie diese nachhaltig diskreditieren.

In Westdeutschland und der Bundesrepublik konnten die anfänglichen organisatorischen Erfolge in zahlreiche kommunale und etliche landespolitische Erfolge umgemünzt werden, doch der bundespolitische Durchbruch blieb aus. Die SPD erschien vielen als eine Traditionskompanie der alten Arbeiterbewegung, mit redlichen Funktionären aus einem sich selbst genügenden Vereinsleben. Schon bald war klar: Die SPD musste sich selbst verändern, wenn sie mit den Veränderungen in der Gesellschaft Schritt halten wollte.

Die Reform der Partei begann nicht mit dem Godesberger Parteitag 1959, durch den sich die SPD programmatisch endgültig als linke Volkspartei profilierte, sondern mit der Entmachtung des hauptamtlichen Apparates im Parteivorstand. Die bürokratische Funktionärsstruktur an der Spitze der Partei bildete jedoch ein auch an der Basis vorzufindendes Organisations- und Politikverständnis ab, das keinen richtigen Anschluss an die Modernisierung der westdeutschen Gesellschaft fand. Die Versuche von oben, die sozialdemokratische Vereinswelt aufzubrechen, um sie nach außen zu öffnen, lösten indes anhaltende Widerstände aus. In den Ortsvereinen wollte man den Parteivorsitzenden, Ministerpräsidenten oder Bürgermeister weiterhin duzen dürfen und die Anrede „liebe Genossinnen und Genossen" nicht durch „meine Damen und Herren" ersetzen. Gleichwohl nahm das Gewicht der Parlamentsfraktionen zu Ungunsten der Parteiorganisation auf allen Ebenen zu. Die sozialdemokratischen Abgeordneten sahen die Regierungsmacht jeden Tag vor sich, strebten sie an oder übten sie bereits aus und konnten sich mit einer Selbstgenügsamkeit, die nur den Bestand der Parteiorganisation pflegte, schwerlich abfinden. Anfang der 1960er Jahre bildeten mehr als 9.000 Ortsvereine (oder Kreise, Sektionen, Abteilungen, Distrikte – wie sie mancherorts auch hießen) die Basis der westdeutschen

Partei, die nunmehr knapp 650.000 Mitglieder zählte. Aber wieder ließ sich dieser Vorsprung vor anderen Parteien nicht in eine Übernahme der Regierungsverantwortung umsetzen.

Der eigentliche Veränderungsprozess wurde daher weniger durch innerparteiliche Reformen herbeigeführt als durch äußere Faktoren erzwungen. In seiner Dynamik und in seinen Auswirkungen lässt er sich nur mit der Eroberung der SPD durch das Industrieproletariat am Ende des 19. Jahrhunderts vergleichen.

Linke Volkspartei im Wandel

In den 1960er Jahren begann der Zustrom neuer Arbeitnehmer in die Partei: Der Anteil der Arbeiter unter den neu aufgenommenen Mitgliedern fiel unter die 50-Prozent-Marke; immer mehr Angestellte traten in die SPD ein. Anfang der 1970er machten Schüler, Studierende und Azubis 20 Prozent der Neuaufnahmen aus. 1972 konnte die SPD 155.992 Neuaufnahmen verzeichnen, von denen fast zwei Drittel unter 35 Jahre alt waren. Von den Neueintritten in diesen Jahren sollte die SPD noch lange zehren. 1976 überschritt die Mitgliederzahl die magische Millionengrenze. Auf knapp 10.000 Ortsvereine in der Bundesrepublik konnte die SPD nun blicken.

Angestellte aus Unternehmen und Verwaltungen brachten ein Politikverständnis mit, dass auf Verantwortungsübernahme in rationalen Planungs- und Steuerungsprozessen setzte. Danach schien nicht nur die demokratisch-politische Steuerung von Staat, Wirtschaft und Gesellschaft möglich, sondern auch Wachstum, Wohlstand und ein besseres Leben machbar geworden zu sein. Daneben begann der Zustrom junger Menschen in die Partei, die ebenfalls an die Veränderungskraft der Politik glaubten und dafür die SPD als erste Adresse betrachteten. Sie setzten vor allem auf Partizipation, innerparteiliche Demokratie und verlangten einen Gegenentwurf zum erstarrten „CDU-Staat". Über Jahre hatte die Partei vergeblich versucht, Jugendliche für die SPD zu gewinnen. Jetzt, als sie endlich kamen, brachten sie jedoch ihre eigenen politischen Erfahrungen, Vorstellungen, Ideen, Ansprüche und Erwartungen mit. Ihr Idol war Willy Brandt. Ihr Ideal bestand in einer Graswurzeldemokratie, in der außerparlamentarische Initiativen und die Parteiorganisation zwei Seiten einer Medaille bildeten.

Die massenhaften Neuzugänge und die veränderte Sozialstruktur der Mitgliedschaft zogen tiefgreifende Veränderungen im Parteileben nach sich. So, wie sich das gesamte öffentliche Leben in der Bundesrepublik politisierte, wurden auch die Ortsvereine aus ihrem Dornröschenschlaf gerissen. Sie gewannen nicht nur Beitragszahler; sie gewannen Mitglieder, die sich einmischten und die die Versammlungen mit neuem politischem Leben füllten. Dies war etwas Unbekanntes, ja vielleicht Ungeheuerliches. Manche mochten dies als große Unterwanderung empfinden: Menschen, die sich nicht nur zur Politik der SPD bekannten sondern diese prägen, gestalten, verändern wollten – welche, die die SPD zu ihrer Partei machen wollten.

Es wurde kontrovers diskutiert, gestritten, gekämpft. Suchte man vielerorts Jahre zuvor noch händeringend nach einem Freiwilligen, der sich als Schriftführer in den Vorstand wählen ließ, so geriet nun selbst die Wahl des stellvertretenden Schriftführers zur innerparteilichen Kraftprobe. Meistens ging es um die lokale Politik: das Jugendzentrum, die Fußgängerzone, das Freibad, die Umgehungsstraße. Aber nicht nur. Die großen Themen – der Vietnam-Krieg, die Neue Ostpolitik, innenpolitische Reformen, der Umweltschutz – kamen auf die Tagesordnung selbst des kleinsten Ortsvereins. Doch die eigentlichen Ursachen für hitzige Kontroversen und Sitzungen, die bis in die Nacht dauern konnten, lagen tiefer. Vielfach artikulierte sich ein grundsätzliches Misstrauen gegenüber den Führungsgremien und sozialdemokratischem Regierungshandeln. Nicht, dass es dies nicht schon vorher gegeben hätte. Nur dieses Mal gab es keine resignativen Untertöne. Es wurde auf eine autonome Meinungsbildung an der Basis der Partei gepocht. Gefordert und eingeklagt wurde die Bindung der Führung an die Beschlüsse der Basis. Mandatsträger wurden gezwungen über ihr Abstimmungsverhalten in ihrer Fraktion und im Parlament penibel Rechenschaft abzulegen.

Hinzu trat, dass das gesamte politische Umfeld, in dem sich die Partei bewegte, anspruchsvoller geworden war. Die Ortsvereine mussten sich nicht nur zur Politik in Bonn verhalten, sondern auch zu den Forderungen außerparlamentarischer Bewegungen, zu den Anliegen von Bürgerinitiativen und zur kritischen Begleitmusik alternativer Formen von Öffentlichkeit, die sich in der Gründung von Betriebs- und Stadtteilzeitungen, Szene-Magazinen, Lokalradios oder speziellen Nachrichtendiensten niederschlug.

In der Partei nahmen Meinungsunterschiede bisweilen die Form erbittert ausgetragener politischer Stellungskriege an, die bis zu Ausschlussverfahren oder zur plötzlichen Abwahl verdienter Parteivertreter reichten. Die politische Flügelbildung ging nunmehr hinab bis in die Wurzeln der Partei. Kaum ein Mandatsträger konnte sich sicher sein, die nächste Kandidaturaufstellung in der Tasche zu haben.

Jedoch darf eine sich verfestigende innerparteiliche Lagerbildung nicht den Blick darauf verstellen, dass die Ortsvereine insgesamt an mobilisierender Kraft, an Unterstützung von außen und an Verankerung in der Bürgerschaft gewannen. Ohne den Idealismus ihrer Mitglieder und deren Bereitschaft, Zeit, Geld und Engagement in die sozialdemokratische Sache zu stecken, hätte die SPD die Bundestagswahlen von 1972, 1976 und noch einmal 1980 schwerlich gewinnen können. So zutreffend die Mahnung ‚von oben' war, dass der Ortsverein nicht unbedingt der Ernstfall des Lebens sei: Wenn es politisch ernst wurde, konnte sich die Partei nur dann gegen ihre politischen Gegner durchsetzen, wenn sie die Ortsvereine motivieren konnte. Denn sie suchten das ungefilterte Gespräch mit den Bürgern, klebten die Wahlplakate und warben zur Frühschicht vor den Betrieben für die SPD.

Weil so viele Bürger in die SPD strömten, wurden Ortsvereine mit zu hoher Mitgliederzahl aufgeteilt, und zahlreiche neue in Diasporagebieten gegründet. Nicht wenig an politischer Energie wurde in dieser Zeit in organisatorische Aufbauarbeit gesteckt. Die SPD hatte den 30-Prozent-Turm bei Bundestagswahlen verlassen; sie war keine Milieu- und Regionalpartei mehr. Jetzt verkörperte sie als linke Volkspartei wirklich das moderne (West-)Deutschland.

Angesichts des drohenden Verlustes der Regierungsfähigkeit nach der Bundestagswahl von 1980 lag es nahe, die Anhänger und Wähler über die Ortsvereine neu zu motivieren. Auf dem Münchner Parteitag im April 1982 wurde vom Parteivorstand das Langzeit-Projekt *Lebendiger Ortsverein* ausgerufen. Eine Ausstellung sollte innovative Ansätze politischer Basisarbeit vorstellen und zur Nachahmung empfehlen. Der Wilhelm-Dröscher-Preis zeichnet seitdem vorbildliche Projekte von Gliederungen, Foren, Arbeitsgemeinschaften, Projektgruppen und Mitgliedern der SPD sowie der SPD nahestehenden Initiativen und Organisationen aus. Er soll an den 1977 während des Bundesparteitags in Hamburg verstorbenen Schatzmeisters der SPD, Wilhelm Dröscher, erinnern, mit dessen Namen sich bürgernahe Arbeit der SPD in besonderer Weise verbindet. Dröscher war bekannt als der „gute Mensch von Kirn", der stets für seine Mitbürger zu sprechen war. Bei der ersten Präsentation innovativer Ortsvereinsprojekte auf einem Parteitag, lag die Etage für die Ausstellung eine Etage über dem sonstigen Parteitagsgeschehen. Aber ein Hinweisschild wies den Delegierten und Gästen den Weg über die Treppe: „Nach oben geht's zur Basis!"

Im Grunde genommen war den Strategen der Partei klar, dass der Verlust der Regierungsmacht im Herbst 1982 nicht ein Betriebsunfall war, sondern strukturelle Ursachen hatte, die sich gegen die SPD auf Dauer wenden konnten: Auf der einen Seite sorgte eine neokonservative Tendenzwende und der Verlust der FDP als Koalitionspartner für einen längeren Abschied von der Macht. Auf der anderen Seite stellte die Etablierung linksalternativer Lebenswelten und eines neuartigen Milieus, in dem die Politik der Betroffenheit, Selbstorganisation und Wachstumskritik an Zulauf gewann, sogar die Oppositionsfähigkeit der Partei infrage. Denn mit der Etablierung einer grünen Partei war nicht einmal das der SPD geblieben: die solitäre Stellung als Oppositionspartei, als Regierung im Wartestand. Aber die Irritationen reichten noch tiefer: Die Ortsvereine waren der Parteiführung selbst zur großen Unbekannten geworden. Ein wachsender Teil von ihnen war von der sozial-liberalen Regierungspolitik längst abgerückt und protestierte auf den Straßen gegen die friedliche Nutzung der Kernenergie ebenso wie gegen den sogenannten NATO-Doppelbeschluss. Nun engagierten sich Zehntausende von Sozialdemokraten sowohl in den alten sozialen Bewegungen (wie den Gewerkschaften) als auch in den neuen sozialen Bewegungen (wie in der Umweltbewegung); aber deren Ziele und Weltsicht waren keineswegs deckungsgleich. Um nicht zerrieben zu werden, blieb der SPD nur ein Weg: Brücken zu bauen, aufzuzeigen, dass Arbeit und Umwelt keine Gegensätze sein müssen.

Die nordrhein-westfälische SPD startete Anfang der 1980er Jahre ein großes empirisches Projekt, um herauszufinden, welche Rolle die Ortsvereine für Wohl und Wehe der Partei spielten. Das Ergebnis der wissenschaftlich begleiteten Untersuchung liest sich wie eine Hommage an die innerparteiliche Demokratie und an die unverzichtbare Arbeit der Ortsvereine. Worin bestanden die wesentlichen Ergebnisse der Erforschung der „SPD von innen"? Zuerst: Der Ortsverein bilde die Basis der parteilichen Willensbildung. Hier würden Informationen ausgetauscht, politische Aufklärungs- und Überzeugungsarbeit für die SPD geleistet – im direkten Kontakt mit den Mitgliedern und den Bürgern. Sodann: Der Ortsverein sorge für die Mitgliederwerbung und -betreuung, die Durchführung sämtlicher Wahlkämpfe, die Veranstaltung von Bürgersprechstunden, die Abhaltung von Mitgliederversammlungen, die Beschlüsse fassen und Delegierte wählen, für eine eigene Öffentlichkeitsarbeit. Er sei das Gesicht der Partei ‚vor Ort'. Über ein Drittel der nordrhein-westfälischen Ortsvereine – so wurde festgestellt – gaben im Jahr 1981 eine eigene Bürgerzeitungen heraus, mehr als die Hälfte erschien mindestens vierteljährlich. Auf der Bundesebene – so wusste das SPD-Jahrbuch für 1979-1981 zu berichten – hatten die Betriebs-, Orts- und Stadtteilzeitungen innerhalb von nur zwei Jahren einen Aufschwung von 1.100 auf 1.600 Ausgaben genommen.

Aber nicht nur Politik trug zum Zusammenhalt der Partei bei. Auch die gepflegten Formen der Geselligkeit, für die laut der NRW-Studie 54 Prozent aller Veranstaltungen der Ortsvereine dienten, schufen ein unverwechselbares Gefühl der Zusammengehörigkeit. Der harte Kern der Aktiven im Ortsverein – so wusste die Studie weiter – machte 25 Prozent aus; das erreichbare Potenzial sah sie bei 35 Prozent. Umgerechnet auf die Gesamtzahl der SPD-Mitglieder in Nordrhein-Westfalen (das waren 295.075 zum 30. Juni 1980) waren rund 74.000 Mitglieder in der und für die Partei aktiv.

Die Organisationsverliebtheit der SPD und der „sozialdemokratische Vereinsmeier" (Franz Walter) sind oftmals belächelt worden. Dass

Organisation zugleich Macht bedeutete, war der sozialdemokratischen Arbeiterbewegung, die ihre Stärke aus der Kraft der Solidarität bezog, von vornherein klar. Nüchtern betrachtet galt: Je schwächer die Ortsvereinsstruktur war, umso geringer waren die Integra-
tionskraft der Partei, die Zahl ihrer Aktiven, ihre Kampagnen- und
Durchsetzungsfähigkeit.

Während der gesamten 1980er Jahre bemühte sich die SPD mit zahlreichen Werbekampagnen, die Mitgliederzahl in der Nähe der Millionengrenze zu halten, die Arbeit der Ortsvereine zu professionalisie-
ren und diese hinter der Parteiführung zu versammeln. So wurde den
Orts- und Stadtteilzeitungen ein zentraler Artikeldienst angeboten,
wurden Schulungen jedweder Art durchgeführt und Informationen
über das „Sozialdemokrat-Magazin" an alle Mitglieder gebracht.
Doch ließen sich die Ortsvereine in ihrem Eigensinn weder bürokra-
tisch steuern noch politisch zähmen. Dieser Eigensinn hatte seine
spezifische Bewandtnis darin, dass sie ihre Glaubwürdigkeit als Basisorganisation der Partei und ihre Legitimation gegenüber den zunehmend parteiverdrossenen Bürgern ganz wesentlich aus ihrer
Wächterfunktion gegenüber dem Handeln ihrer Parteiführungen
und Regierungsmitglieder bezogen. In anderen Worten: Die Ortsvereine blieben unbequem.

Im Osten viel Neues, im Westen Veränderung

Die Gründung der SDP (die sich schon bald in SPD unbenannte) in
der im Untergang begriffenen DDR war ein unerhörter, mutiger und
beherzter Vorgang. Seit der Zwangsvereinigung fürchtete die SED
wohl kaum etwas mehr, als eine sozialdemokratische Herausforderung im eigenen Land, die die natürlichen Verhältnisse wieder her-
stellen würde: nämlich die Vorherrschaft des demokratischen Sozialismus in der Arbeiterbewegung und die Marginalisierung der kom-

munistischen Partei. Die Gründung der sozialdemokratischen Partei in Schwante am 7. Oktober 1989 war eben ein unerhörter Vorgang; und sie war mutig, denn zu diesem Zeitpunkt konnte noch niemand genau wissen, wie sich die Verhältnisse entwickeln würden. Die SDP verstand sich als Teil der Bürger- und Oppositionsbewegung gegen das SED-Regime, die auf eine friedliche Transformation der DDR in Richtung auf eine freiheitliche und demokratische Gesellschaft setzte. Sie ragte aus der Protestbewegung aber auch heraus, weil hier gleich der Versuch einer Parteibildung unternommen worden war, während sich andere Strömungen dezidiert als Bürgerinitiativen, Gesprächsforen und alternative Bewegungen verstanden.

Die zunächst mit einigem Zögern, aber dann mit wachsendem Überschwang aus dem Westen unterstützte Gründung und Ausdehnung der SDP zeitigte jedoch zu keinem Zeitpunkt diejenigen organisatorischen Erfolge, die sich viele erhofft hatten. Die Partei im Osten blieb weitgehend eine Dame ohne Unterleib, ihr fehlte das dichte Netz an Ortsvereinen, das eine verlässliche Basis für den Aufstieg der SPD in den neuen Bundesländern abgeben konnte. Die Ursachen für diesen Misserfolg lagen darin, dass die DDR eine mit Zwang organisierte Gesellschaft unter der Führung einer vermeintlichen Arbeiterpartei gewesen war. Die übermächtige Mehrheit derjenigen, die für den Regimewechsel waren, verspürten nach der Wende und dem Anschluss an die Bundesrepublik kaum Neigungen, sich erneut in einer Partei zu organisieren, die in den Traditionen einer Arbeiterbewegung stand, dessen Erbe die SED über Jahrzehnte gründlich ruiniert hatte. Dies führte zu dem nur scheinbar paradoxen Ergebnis, dass die SPD dort am schwächsten war und blieb, wo die klassische deutsche Arbeiterbewegung ihre Hochburgen gehabt hatte, nämlich in Sachsen, Sachsen-Anhalt und Thüringen.

Es kam hinzu, dass sich die kleinen Ortsvereine der SPD, die von vielen Idealisten ohne politische Erfahrung getragen wurden, darum sorgten, von Überläufern der SED unterwandert zu werden. Dies führte dazu, dass es für viele Interessierte gar nicht so einfach war, in die SPD einzutreten. Denn der Weg führte über den örtlichen Ortsverein, der die neuen Mitglieder auf Herz und Nieren dahingehend prüfte, ob er es mit ‚echten' Sozialdemokraten oder mit verkappten Kommunisten zu tun hatte.

Während die SPD in den neuen Bundesländern nicht so richtig auf die Beine kam, geriet sie in den alten Bundesländern in den 1990er Jahren ins Stolpern. Die Mitgliederentwicklung drehte ins Negative: Die Neuaufnahmen konnten schon die demografischen Verluste nicht mehr ausgleichen. Die Zahl der Ortsvereine nahm ab, die Zahl der Aktiven verringerte sich. In den Ortsvereinen hatte „der Kassierer" über Jahrzehnte eine bedeutende Rolle gespielt. Er (sowie seine Helferinnen und Helfer) sorgte über den Beitragsmarkenverkauf für den direkten Kontakt mit den ‚Nur-Beitragszahlern'. Über diesen Kontakt verlief ein Gutteil der Vertrauensarbeit. Er garantierte aber nicht zuletzt eine starke Position der Ortsvereine gegenüber den oberen Gliederungen der Partei. Auch weil die Aufteilung der Mitgliedsbeiträge zwischen oben und unten immer umstritten war – die Ortsvereine hatten mit der lokalen Beitragskassierung ein starkes Druckmittel gegen finanzielle Forderungen von oben in der Hand gehabt und darin lag ein Grund für ihre starke Stellung in der Gesamtorganisation. Nur: Es fiel ihnen inzwischen immer schwerer, genügend Freiwillige für diese aufwendige Arbeit zu finden.

Mit der Umstellung der Beitragskassierung auf einen zentralen Bankeinzug verloren die Ortsvereine ihre einzigartige Scharnierfunktion zwischen Mitgliedschaft und Parteiorganisation. Sie sollten in modernen Zeiten, in denen Daueraufträge und Einzugsermächtigungen allgemein üblich wurden, organisatorisch entlastet werden. Das wurden sie auch, aber nicht nur: Ihre Stellung wurde schwächer und mit ihr die gesamte ehrenamtliche Struktur in der Parteiorganisation. Damit beschleunigte sich die Entwicklung hin zu einer Mandats- und Funktionsträgerpartei, die eigentlich aufgehalten werden sollte.

Es ist bezeichnend, dass die SPD – erst 1998 nach vielen Jahren der Opposition, an die Regierungsmacht im Bund zurückgekehrt – zu keinem Zeitpunkt ihrer Regierungsjahre bis 2009 diese für einen Aufschwung der Mitgliederbewegung und Revitalisierung der Ortsvereinsarbeit ausnutzen konnte. Dies unterschied diese Regierungsjahre fundamental von denjenigen zwischen 1966 und 1982. Auf der anderen Seite zeigte sich aber auch, dass sich nur mit und nicht gegen die Parteibasis dauerhaft regieren und Wahlen gewinnen ließen. Selbst das klügste Campaigning wirkte nur durch die reale politische Bewegung an der Parteibasis, soll heißen: durch unbezahltes, ehrenamtliches Engagement, glaubwürdig, ansteckend und anziehend. Dasselbe gilt im Sport. Selbst die reichsten Fußballvereine kommen ohne begeisterte Mitglieder und treue Fans nicht aus. Denn nur diese helfen dem Verein über Niederlagen hinweg, stehen in Durststrecken zu ihm und tragen ihn über schwierige Zeiten hinweg. Eben dies meinte Willy Brandt als er davon sprach, die Partei lebe durch einzelne Wahlerfolge und -niederlagen fort. Er sprach damit ein Kontinuitäts- und Politikverständnis an, das heute befremdlich erscheint oder sogar lähmend wirkend mag: Befremdlich, weil als Währung der politischen Demokratie allgemein die Zustimmung in Wahlen zählt (und zwar nur); lähmend, weil der Eindruck entstehen konnte, die Partei sei bisweilen gar nicht am nächsten Wahlerfolg interessiert, sondern richte sich lieber behaglich in der Opposition ein. Freilich gibt es auch einen lokalen Egoismus, der bei Wahlerfolgen im Bund um kommende lokale oder regionale Wahlerfolge bangte. Denn zumeist strafen die Wähler die im Bund regierenden Parteien bei nächster sich bietender Wahlgelegenheit ab.

Ausblick

Wenn nicht alles täuscht, dann stehen die Ortsvereine der SPD aktuell in einem ähnlichen Umbruchprozess wie in den 1960er Jahren. Eine biedermeierliche politische äußere Atmosphäre, die radikale digitale Umwälzung der Kommunikationsprozesse, die Verwandlung von Arbeitnehmergesellschaften in Konsumgesellschaften, neue Orte politischer Gespräche und Begegnungen, aber nicht zuletzt auch eine ungestillte Sehnsucht nach authentischer Politik stellt die gewachsene Vereinsdemokratie vor andere Herausforderungen, auf die frische und überzeugende Antworten gefunden werden müssen.

Bei aller Kritik an den Unzulänglichkeiten der Ortsvereine zeigte sich bei der Gründung neuer Parteien, die sich von den ‚alten' Parteien absetzen möchten, aber auch: Sie alle waren und sind bestrebt, eigene Basisorganisationen möglichst in der ganzen Fläche des Landes aufzubauen. Nur diese garantieren, dass sie keine Eintagsfliegen bleiben, sondern sich dauerhaft etablieren. Insoweit lebt das „Prinzip" Ortsverein in einer sich stark wandelnden politischen Landschaft weiter. Und die SPD darf für sich beanspruchen, diesem Prinzip in Deutschland zu einem nachhaltigen Durchbruch verholfen zu haben.

Nun lässt sich nicht leugnen, dass dieses Prinzip seit geraumer Zeit infrage gestellt wird. Die Einwände lauten: Immer weniger Menschen wollen sich auf langwierige Prozesse einlassen oder an Institutionen binden, sie wollen mehr direkte Demokratie, sich nur für ein bestimmtes Thema einsetzen, direkter via Internet kommunizieren, und sie fordern schrankenlose Transparenz statt geschlossener Parteiversammlungen.

Eine moderne linke Volkspartei wird sich dieser Kritik stellen müssen und mit ihr die Ortsvereine. Richtig ist aber auch: Immer mehr Menschen wünschen sich verlässliche und nachvollziehbare Entscheidungsprozesse, viele suchen Halt und Orientierung in und mit Institutionen, viele wollen sich nicht nur auf ein Thema fixieren, möchten einen Gedanken- und Meinungsaustausch mit Gesprächspartnern führen, die sie näher kennenlernen können, schätzen ein vertrautes und vertrauliches, inspirierendes und geselliges Zusammensein mit anderen. Der Ortsverein kann vieles bieten, was woanders nicht zu finden ist. Wirklich demokratische Prozeduren sind langwierig und niemals abgeschlossen. Demokratische Institutionen – auch die Ortsvereine – müssen sich reformieren und dafür sorgen, dass sich die Versammlungsdemokratie revitalisieren und ihre Mittlerstellung zwischen Staat und Gesellschaft erneuern kann. Natürlich ist und bleibt gesellschaftspolitisches Engagement in anderen politischen Bahnen als denen der Vereinsdemokratie nützlich und sinnvoll. Aber eine moderne Demokratie gibt es nicht ohne demokratische Parteien. Und demokratische Parteien nicht ohne innerparteiliche Demokratie. Eine moderne linke Volkspartei, die sich als ein großes politisches Netzwerk versteht, braucht Knotenpunkte der Gemeinschaftsbildung, der Information und des unmittelbaren Austausches von Argumenten. Sie braucht den Ortsverein.

Literaturauswahl

Horst Becker u. a.: Die SPD von innen. Bestandsaufnahme an der Basis der Partei, Bonn 1983.

Helga Grebing: Geschichte der deutschen Arbeiterbewegung. Von der Revolution 1848 bis ins 21. Jahrhundert, Berlin 2007.

Wolfgang Herzberg/Patrick von zur Mühlen (Hg.): Auf den Anfang kommt es an. Sozialdemokratischer Neubeginn in der DDR 1989. Interviews und Analyse, Bonn 1993.

Torsten Kupfer: Geheime Zirkel und Parteivereine. Die Organisation der deutschen Sozialdemokratie zwischen Sozialistengesetz und Jahrhundertwende, Essen 2003.

Gero Neugebauer/Bernd Niedbalski: Die SDP/SPD in der DDR 1989-1990. Aus der Bürgerbewegung in die gesamtdeutsche Sozialdemokratie. Text, Chronik und Dokumentation (Berliner Arbeitshefte und Berichte zur sozialwissenschaftlichen Forschung Nr. 74), Berlin 1992.

Karsten Rudolph: Die sächsische Sozialdemokratie vom Kaiserreich zur Republik 1871-1923, Weimar/Köln/Wien 1995.

Carsten Voigt: Kampfbünde der Arbeiterbewegung. Das Reichsbanner Schwarz-Rot-Gold und der Rote Frontkämpferbund in Sachsen 1924-1933, Köln/Weimar/Wien 2009.

Franz Walter: Die SPD. Vom Proletariat zur Neuen Mitte, Berlin 2002.

Thomas Welskopp: Das Banner der Brüderlichkeit. Die deutsche Sozialdemokratie vom Vormärz bis zum Sozialistengesetz, Bonn 2000.